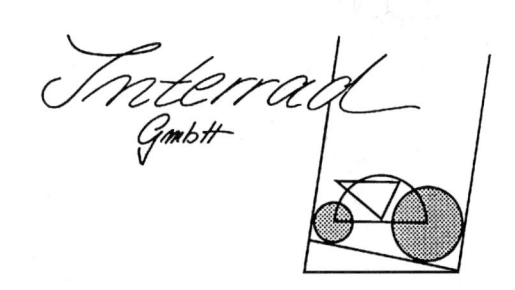

Lernfeld Materialwirtschaft – Arbeitsheft

Inhaltsverzeichnis

Vorwort	2
1 Die Erkundung der Interrad GmbH	5
1.1 Die Interrad GmbH kennen lernen	5
1.2 Organisatorischer Aufbau	9
1.3 Produkte – Materialnummer – Arbeitsablauf	13
2 Bedarfsplanung	18
3 Bezugsquellen und Anfrage	25
3.1 Bezugsquellen ermitteln	25
3.2 Anfrage	30
4 Das Angebot	39
4.1 Ausgewählte Inhalte des Angebots	39
4.2 Angebotsvergleich – einfache Bezugskalkulation	44
4.3 Exkurs: Angebotsvergleich – komplexe Bezugskalkulation	47
4.4 Exkurs: Lieferantenbewertung	51
5 Die Bestellung	55
6 Der Wareneingang und Rechnungsausgleich	62
7 Besonderheiten beim Rechnungsausgleich	71
7.1 Rechnungsprüfung und Reklamation	71
7.2 Exkurs: Skonto oder Lieferantenkredit	77
8 Störungen bei der Warenlieferung	81
8.1 Die Lieferung erfolgt nicht termingemäß – Lieferungsverzug	81
8.2 Mangelhafte Lieferung – Mängelrüge	89
9 Lagerhaltung	97
10 Beschaffungsvorgänge und Lagerhaltung optimieren	103
10.1 Exkurs: Lagerkennziffern auswerten	103
10.2 Exkurs: Optimale Bestellmenge ermitteln	109
10.3 Exkurs: Das Just-in-time-Konzept	113
Anhang	118
• Postausgangsbuch	119
• Posteingangsbuch	120
• Auszüge aus dem BGB	121
• Materialliste	122
• Leitfaden zur Berechnung der Transportkosten	125
• Frachtentabellen	126

Vorwort zur 1. Auflage

Unser Konzept zum handlungsorientierten Lernen stützt sich auf langjährige praktische Erfahrungen im Umgang mit den vorgelegten Materialien im Unterricht.

Die Arbeitshefte sind so konzipiert, dass sie auch unabhängig von den anderen Arbeitsheften der Reihe „Handlungsorientiertes Lernen mit der Interrad GmbH" verwendet werden können. Alle Arbeitshefte enthalten daher auf dem ersten Blick eine sehr ähnliche Einführung, die sich allerdings bei genauerem Hinsehen auf das jeweilige Lernfeld bezieht.

Zur Konzeption der Arbeitshefte

Mit dem Konzept „Interrad GmbH" versuchen wir Sachverhalte der kaufmännischen Kernfächer Betriebswirtschaftslehre, Datenverarbeitung, Schriftverkehr sowie in Ansätzen Rechnungswesen handlungsorientiert und praxisnah in einem Handlungszusammenhang zu vermitteln.

Die Arbeitshefte basieren zwar auf Lernbüromaterialien, sind aber so konstruiert, dass sie einerseits zur Vorbereitung auf das Lernbüro, andererseits aber auch im traditionellen Wirtschaftslehreunterricht eingesetzt werden können. Damit wird Rücksicht genommen auf die Lehrkräfte, denen ein Lernbüro nicht zur Verfügung steht, die aber einen praxisnahen und handlungsorientierten Unterricht anbieten wollen.

Als weitere Arbeitshefte zum handlungsorientierten Lernen mit der Interrad GmbH liegen vor: Beschaffung und Lagerhaltung, Marketing und Personalwesen.

Zur Arbeitstechnik

Für die Schüler/-innen ist es wichtig, Eingangssituation und Leitfragen vollständig zu verstehen. Wir haben uns bemüht die Arbeitsmaterialien schülergerecht aufzubereiten. Trotzdem kann es je nach Leistungsfähigkeit und Kenntnisstand der Lerngruppe erforderlich sein, Hilfe zu geben (Fachbegriffe, Zusammenhänge müssen evtl. nachgefragt werden). Die Lernenden sollten sich daher angewöhnen, die Materialien aufmerksam durchzuarbeiten. Die entsprechende Arbeitstechnik (Textanalyse, sinnentnehmendes Lesen) ist wesentliche Voraussetzung, wenn weitgehend selbstständig die Leitfragen erarbeitet werden sollen. Genauere Hinweise finden sich dazu im Lehrerhandbuch.

Das Modellunternehmen

Im Mittelpunkt aller Arbeitsbücher steht das Modellunternehmen „Interrad GmbH", ein Industrieunternehmen, das neben einer Produktionsplanung vor allem alle üblichen Abteilungen eines Handelsunternehmens aufweist. Das Produkt Fahrrad hat sich dabei als schülerbezogen und -aktivierend erwiesen. Die Konzeption beruht auf einem durchgängigen und stimmigen Datenkranz. Alle Daten sind aufeinander bezogen, sodass die Lernenden immer die Zusammenhänge im Arbeitsablauf wieder erkennen und reflektieren können. Ein solch stimmiger Datenkranz verlangt allerdings didaktische Einschränkungen, damit die Übersichtlichkeit nicht leidet. So ist z. B. die Anzahl der Fahrradteile beschränkt und es werden Baugruppen zur Montage der Fahrräder verwendet.

Lehrerhandbücher

Ergänzende Hinweise zur Didaktik und Methodik geben die Lehrerhandbücher. In ihnen finden sich auch die Lösungsvorschläge, wobei in einigen Situationen mehrere Lösungen möglich sind, sodass die Lernenden auch über Lösungsstrategien nachdenken müssen.

Formularsätze

Für die einzelnen Lernprojekte werden Formularsätze angeboten. Die Formulare sind praxisgerecht aufbereitet und veranschaulichen die wirklichkeitsnahe Konzeption. Sie verstärken die Motivation der Schüler/-innen. Mit dem Kauf erwerben Sie ein Kopierrecht.

Handbücher zum Lernbüro (Module 1 bis 3), CD zum Handbuch

In diesen Handbüchern zum Aufbau eines Lernbüros wird ausführlich dargestellt, wie ein Lernbüro zu errichten ist, wie die alltägliche Arbeit gesichert wird, wie ein sinnvoller Ablauf geregelt ist, wie die Außenkontakte zu steuern sind, wie die EDV eingebunden werden kann, wie die gesamte Organisation gehandhabt wird. Beispiele mit Lösungen sowie didaktisch-methodische Erläuterungen erleichtern den Einstieg in den Aufbau oder die Durchführung der Lernbürotätigkeit. Der stimmige Datenkranz garantiert eine für alle Abteilungen zusammenhängende Arbeitsstruktur.

Wahlweise können Sie ein Gesamtpaket oder einzelne Module des Handbuchs erwerben:
- Modul 1: Logistik und Produktionsplanung
- Modul 2: Absatz und Marketing
- Modul 3: Personalwesen

Allen Modulen ist eine CD-ROM-Version mit den zum Lernbüro zugehörigen Arbeitsmaterialien beigefügt.

Die CD des Handbuchs sowie die Disketten zu den Arbeitsheften in WINWORD- und EXCEL-Versionen ermöglichen eine einfache computergestützte Bearbeitung kaufmännischer Aufgaben. Mithilfe der Dateien können die Formulare, Lieferanten-, Kunden-, Preis- und Artikellisten sowie Ablaufbeschreibungen so verändert werden, dass sie den unterrichtlichen und aktuellen Gegebenheiten (Ort, Zeit) angepasst sind.

Warum „Lernfeld Materialwirtschaft"?

Mit den „Handreichungen für die Erarbeitung von Rahmenlehrplänen der Kultusministerkonferenz (KMK) für den berufsbezogenen Unterricht in der Berufsschule" wurde ein Paradigmenwechsel von der Ausrichtung der Rahmenlehrpläne nach Lerngebieten zur Ausrichtung nach Lernfeldern und damit der Übergang zu einer prozess- und handlungsorientierten Unterrichtsform vollzogen. Vorgabe für die Entwicklung eines KMK-Rahmenlehrplans ist die Handlungsorientierung.

Die KMK beschließt für den berufsbezogenen Unterricht in der Berufsschule Rahmenlehrpläne, die mit den jeweiligen Ausbildungsordnungen abgestimmt sind. Die Bundesländer übernehmen die Rahmenlehrpläne unmittelbar oder setzen ihn nach landesspezifischen Kriterien in eigene Lehrpläne um. Für Berufsfachschulen können die Bundesländer ohne KMK-Vorgaben eigenständige Lehrpläne entwickeln. Neu zu konzipierende bzw. zu reformierende Bildungsgänge in der vollschulischen Berufsausbildung werden die Lernfeldstruktur der KMK weitestgehend übernehmen und den berufsbezogenen Lernbereich in thematisch zusammengefasste Lernfelder gliedern.

Die bisherigen Lerngebiete wurden unter fachdidaktischen Aspekten gebildet und nach Lernzielen und Lerninhalten gegliedert. Dagegen handelt es sich bei Lernfeldern um thematische Einheiten, die durch Zielformulierungen und Inhaltsangaben beschrieben werden und sich an konkreten beruflichen Aufgabenstellungen und Handlungsabläufen orientieren. Auf der Grundlage der Lernfelder werden für den Unterricht Lernsituationen entwickelt. In ihnen werden Fachinhalte in einem Anwendungszusammenhang gebracht. Dieses Vorgehen entspricht unserem Konzept.

Zu Beginn des Reformprozesses, der mit der Diskussion um die Schlüsselqualifikationen begann, lag allerdings der Begriff „Lernfeld" noch nicht vor. Es gab jedoch in der Entwicklung lerntheoretische Erkenntnisse, didaktische Intentionen mit entsprechenden Lernkonzepten, die bereits inhaltlich dem Lernfeldansatz entsprachen.

In unserer Arbeitsheftreihe mit der Erstauflage 1995 hatten wir bewusst im Titel den Begriff „Handlungsorientiertes Lernen" aufgenommen. Unser Konzept „Handlungsorientiertes Lernen mit der Interrad GmbH" basierte auf den oben erläuterten didaktischen Grundlagen des Lernfeldansatzes: Handlungsorientierter Unterricht gilt denn auch als didaktisches Konzept, das fach- und handlungssystematische Strukturen miteinander verknüpft.

Mit dieser Neuauflage haben wir daher den Begriff „Lernfeld" im Titel unserer Reihe eingeführt, eine Aktualisierung bzw. Anpassung an eine konzeptionelle und didaktische Entwicklung, die im Rahmen neuer Curricula in der Berufsausbildung zugrunde gelegt wird. Die Aktualisierung geht in diesem Arbeitsheft einher mit behutsamen inhaltlichen Änderungen und Ergänzungen, bedeutet aber – wie erläutert – keine Änderung unseres ursprünglichen Konzepts der Handlungsorientierung.

Bisher liegen nur wenige Neuordnungen für kaufmännische Ausbildungsberufe vor. Die neuen IT-Berufe sind auf Basis der Lernfelder strukturiert. Wir werden die Entwicklung der Lernfelddiskussion weiter verfolgen. Ziel bleibt, berufsspezifische Qualifikationen und Kenntnisse für kaufmännische Ausbildungsberufe handlungsorientiert zu vermitteln – gerade für und auch besonders im Rahmen der Lernfelder.

Bremen, August 2002 Die Verfasser

Liebe Schülerinnen und Schüler,

vielleicht kennen Sie schon andere Arbeitshefte aus der Reihe mit dem Modellunternehmen Interrad GmbH. Vor Ihnen liegt nun das Arbeitsheft „Lernfeld Materialwirtschaft". Auch diesmal können Sie handlungsorientiert wirtschaftliche Inhalte kennen lernen und Aufgaben lösen.

Das Arbeitsheft ist in verschiedene Themenbereiche gegliedert. Jeder Themenbereich enthält einen Arbeitsbogen, die Arbeitsunterlagen und Anlagen.

Der einzelne Arbeitsbogen ist stets wie folgt aufgebaut:

1. Situation: Hier werden die Ausgangslage und das zu lösende Problem vorgestellt.

2. Arbeitsauftrag: Diese beginnen jeweils mit den praktischen Aufgaben – Ausfüllen von Formularen, Entwerfen und Schreiben von Briefen, Lösen von Problemen, Kontrolle von Arbeitsblättern. Schließlich folgen die eher theoretischen Fragen, die Sie dann auf Grundlage Ihrer praktischen Arbeit und mithilfe ergänzender Unterlagen lösen können. Das meinen wir mit Handlungsorientierung.

3. Arbeitsunterlagen/Anlagen: Hinweise auf die erforderlichen Anlagen mit Seitenangaben.

Folgenden Hinweis müssen Sie beim Arbeiten mit den Anlagen beachten:

* Anlagen bzw. Arbeitsunterlagen, die bereits in früheren Themenbereichen vorliegen,

Einige Anlagen finden Sie im Anhang; darauf werden Sie natürlich hingewiesen.

Im Idealfall können Sie die Aufgaben selbstständig lösen, das setzt allerdings eine bestimmte Arbeitstechnik voraus. Eingangssituation und Leitfragen müssen Sie vollständig verstanden haben. Arbeiten Sie daher die Materialien aufmerksam durch, markieren Sie z. B. unbekannte Begriffe, versehen Sie die Texte mit Anmerkungen. Wenn Unklarheiten bestehen, sollten diese im Klassengespräch oder mit der Lehrkraft geklärt werden.

Im Mittelpunkt Ihrer Arbeit steht das Modellunternehmen „Interrad GmbH". Die Interrad GmbH ist ein Industrieunternehmen, das Fahrräder montiert und auch verkauft (genauere Informationen erhalten Sie in den ersten beiden Arbeitsbogen). Leider existiert dieses Unternehmen in der Wirklichkeit nicht, aber wir haben uns sehr bemüht realitätsgerechte Materialien zu verwenden.

Mit diesem Arbeitsheft erhalten Sie einen wirklichkeitsnahen Einblick in die Aufgaben der Auftragsbearbeitung und Sie erarbeiten zugleich die theoretischen Grundlagen dieses Lernfeldes.

Wir wünschen Ihnen viel Erfolg!

1. Auflage, 2002
© Winklers Verlag
im Westermann Schulbuchverlag GmbH
Postfach 11 15 52, 64230 Darmstadt
http://www.winklers.de
Druck: westermann druck GmbH, Braunschweig
ISBN 3-8045-3220-9

Dieses Werk und einzelne Teile daraus sind urheberrechtlich geschützt. Jede Nutzung – außer in den gesetzlich zugelassenen Fällen – ist nur mit vorheriger schriftlicher Einwilligung des Verlages zulässig.
Titelfotos aus Brügelmann-Katalog 2002

Lernfeld Materialwirtschaft

1 Die Erkundung der Interrad GmbH
1.1 Die Interrad GmbH kennen lernen

Arbeitsbogen 1

Situation

Sie haben als Auszubildende bei der Interrad GmbH Ihre Berufsausbildung begonnen. Am ersten Tag werden Sie nach der Begrüßung zunächst durch das Unternehmen geführt. Dabei erhalten Sie grundlegende Informationen, die Sie nun zum Teil noch einmal nachvollziehen sollen.

Nach der Betriebsführung erhalten Sie deshalb zur weiteren Information das Informationsblatt der Interrad GmbH

Arbeitsauftrag

Beantworten Sie zunächst mithilfe des Informationsblattes die folgenden Fragen:

1. Welche drei Fahrradtypen werden hergestellt?

2. Wie viel Prozent der Mitarbeiterinnen und Mitarbeiter werden im kaufmännischen Bereich beschäftigt?

3. Wie setzt sich der Kundenstamm zusammen?

4. Woher bezieht die Interrad GmbH ihre Rohstoffe und Fremdbauteile?

5. Die Interrad GmbH begreift sich als kundenorientiertes Unternehmen. Nennen Sie Beispiele für diese Kundenorientierung bzw. Kundenpflege.

6. Welchen Vorteil verspricht sich das Unternehmen davon, die meisten Fahrradteile als Fertig- bzw. Fremdbauteile von Markenherstellern zu beziehen und nur zwei Teile selbst herzustellen?

Anlagen/Arbeitsunterlagen

Informationsblatt der Interrad GmbH

Interrad
GmbH

Fahrrad
des Jahres

Individualität — Exklusivität — Qualität
und
umweltgerechte Verarbeitung

In der Fahrradbranche und bei den Kunden sind
das Begriffe, die fest mit dem Namen

Interrad

verbunden sind.

Interrad GmbH — erfolgreich mit Qualität

Die **Interrad GmbH** *ist ein mittelständisches Industrieunternehmen mit Sitz in Bremen. 1952 gründeten Wolfgang Peters und Karl Bertram das Einzelhandelsgeschäft Hansa-Rad, Peters & Bertram OHG. Zunächst beschränkte sich die Firmenpolitik auf die Reparatur und den Verkauf von Fahrrädern.*

Fundierte technische Kenntnisse und sensibles Empfinden für die Kundenwünsche führten 1968 zu dem Entschluss, Fahrräder selbst zu produzieren. Die **Interrad GmbH** *wurde gegründet.*

Bewusst wurde das Sortiment zunächst auf zwei Grundtypen mit unterschiedlicher Ausstattung beschränkt: das Stadtrad und das Rennrad. Erst in den letzten Jahren wurde die Produktion auf die Herstellung von Mountainbikes erweitert.

Aus den bescheidenen Anfängen mit zunächst 8 Beschäftigten hat sich bis heute ein erfolgreiches Unternehmen mit zurzeit 117 Mitarbeiterinnen und Mitarbeitern entwickelt, von denen 85 unmittelbar in der Produktion beschäftigt sind.

Unser Produktionsprogramm umfasst heute:

Fahrradtyp	Ausführung	Version
Typ 1 – Stadtrad	Herren-Stadtrad	7- und 24-Gang-Schaltung
	Damen-Stadtrad	7- und 24-Gang-Schaltung
Typ 2 – Mountainbike	Herren-Mountainbike	21- und 27-Gang-Schaltung
	Damen-Mountainbike	21- und 27-Gang-Schaltung
Typ 3 – Rennrad	Rennrad	18- und 27-Gang-Schaltung

Verändertes Freizeitverhalten, sich langsam änderndes Umweltbewusstsein und die Verkehrsentwicklung auf den zunehmend überfüllten Straßen führten auf dem Fahrradmarkt einerseits zu einem Herstellungsboom, aber auch zu verstärkter Konkurrenz billiger Massenprodukte.

Fahrrad des Jahres

Dagegen bekräftigte die **Interrad GmbH** *ihren Entschluss, an ihrem eigenen Weg zur Herstellung und zum Vertrieb der Fahrräder festzuhalten. Hochwertige und umweltgerechte Qualität sowie individuelles Design wurden so zu einem Markenzeichen unseres Unternehmens. Bewusst wurde also auf ein begrenztes Marktsegment gesetzt.*

Diese Firmenphilosophie begründet auch die erfolgreiche Stellung der **Interrad GmbH** auf dem Fahrradmarkt. Unsere Fahrräder werden in der gesamten Bundesrepublik Deutschland nachgefragt, sind aber trotzdem kein Massenprodukt.

Dementsprechend verfügt unser Unternehmen heute über einen z. T. schon seit Jahren festen Kundenstamm im Fachhandel, der Wert auf Interrad-Image legt. So gehören gerade auch viele der „alternativen Fahrradläden" zu unseren Kunden. Zurzeit bilden im Wesentlichen 90 Fahrradhändler, davon 18 in den neuen Bundesländern, unseren Kundenstamm, die zum Teil weitere Einzelhändler versorgen, sodass wir mittlerweile ein nahezu vollständiges Händlernetz in der gesamten Bundesrepublik Deutschland erreichen. Dazu gehören zwei Großabnehmer für den skandinavischen Markt, die auch dort für die Verbreitung des guten Rufs unseres Unternehmens sorgen. Kundenorientierung und Kundenpflege – bei uns keine Schlagworte, wir praktizieren sie: Einwandfreie und pünktliche Lieferung, ständiger Kontakt, Hilfen beim Marketing für unsere Produkte garantieren eine vertrauensvolle Zusammenarbeit und langfristige Bindung.

Unser erfolgreicher Weg ist aber auch ein Ergebnis sorgfältiger Einkaufspolitik. Die erforderlichen Fremdbauteile und Rohstoffe für unsere Produktion beziehen wir hauptsächlich von sechzehn inländischen und zwei ausländischen Lieferanten, deren Namen für Wertarbeit bürgen. Auch hier hat sich die jahrelange Kooperation bewährt.

Während also die meisten Teile des Fahrrades von entsprechenden Markenherstellern bezogen werden, hat sich die **Interrad GmbH** bewusst dazu entschieden, Rahmen und Gabeln in eigener Produktion herzustellen, um mit hochwertigen Rohstoffen und zweckgerichtetem Design Interrad-Qualität zu garantieren. Die Montage der Fahrräder erfolgt dann durch spezialisierte Fachkräfte in der Reihenfolge der erforderlichen Arbeiten in der so genannten Werkstattfertigung.

Individualität, Exklusivität, Qualität und umweltgerechte Verarbeitung – in der Fahrradbranche und bei den Kunden sind dies Begriffe, die fest mit dem Namen **Interrad GmbH** verbunden sind.

Interrad GmbH – erfolgreich mit Qualität

Interrad GmbH, Walliser Straße 125, 28325 Bremen
Telefon: 0421 421047
Telefax: 0421 421048

E-Mail: interrad@t-online.de
Internet: http://www.interrad.de
USt-IdNr. DE 285 355 325

Lernfeld Materialwirtschaft

1 Die Erkundung der Interrad GmbH
1.2 Organisatorischer Aufbau

Arbeitsbogen 2

Situation

Auf Ihrer ersten Betriebsführung erfahren Sie u. a. auch, dass sich die Interrad GmbH in ihrer Aufbauorganisation (Aufteilung der Interrad GmbH in Aufgabenbereiche) nach dem so genannten „Stab-Linien-System" gliedert, das heißt, der Geschäftsführung sind zwei Stabsstellen zugeordnet – Sekretariat und Organisation/Statistik. Diese übernehmen im Auftrag der Geschäftsführung Spezialaufgaben. Gegenüber den anderen Abteilungen haben die Stabsstellen keine Anweisungsbefugnis, diese hat nur die Geschäftsleitung.

Als Arbeitshilfe zum Kennenlernen der Interrad GmbH haben Sie neben dem Informationsblatt noch folgende Materialien erhalten:

- Ein Gesprächsprotokoll über diese Aufbauorganisation
- Das Organigramm zur Aufbauorganisation der Interrad GmbH

Arbeitsauftrag

Bearbeiten Sie mithilfe des Gesprächsprotokolls die folgenden Aufgaben:

1. In welche fünf Hauptabteilungen gliedert sich die Interrad GmbH?

2. In welche zwei Abteilungen gliedert sich die Hauptabteilung Logistik?

3. Welche beiden Stabsstellen sind der Geschäftsführung angegliedert?

4. Erläutern Sie die Aufgaben der im Gesprächsprotokoll ausführlicher beschriebenen Abteilungen Logistik und Verkaufsdisposition.

5. Ergänzen Sie das noch unvollständige Organigramm der Interrad GmbH.

6. Die Interrad GmbH ist nach dem „Stab-Linien-System" organisiert. Eine andere Organisationsform ist das „reine Liniensystem", bei dem die Stabsstellen fehlen.

    - Welche Aufgaben haben die Stabsstellen?
    - Wie ist die Anweisungsbefugnis zwischen Geschäftsführung, Stabsstellen und Abteilungen geregelt?
    - Welchen Vorteil verspricht sich die Interrad GmbH mit der Einrichtung solcher Stabsstellen im Vergleich zum einfachen Liniensystem?

7. Die Interrad GmbH ist ein Industrieunternehmen. Welche Abteilung würde in einem Fahrradgroßhandel fehlen?

Anlagen/Arbeitsunterlagen

Gesprächsprotokoll über die Aufbauorganisation der Interrad GmbH
Unvollständiges Organigramm der Interrad GmbH

Gesprächsprotokoll über die Aufbauorganisation

Die Schülerin Karin Bergius ist während ihres vierwöchigen Praktikums in dem Unternehmen Interrad GmbH. Sie hat sich absprachegemäß zunächst im Personalbüro beim Abteilungsleiter Handke eingefunden. Nach der Begrüßung nimmt das Gespräch folgenden weiteren Verlauf:

Handke: Fräulein Bergius, Sie werden ja nun wie abgesprochen mehrere Abteilungen kennen lernen. Ich schlage vor, dass Sie sich zunächst einmal in der Hauptabteilung Logistik umschauen, also in den Abteilungen Einkauf und Materiallager. Was in der Einkaufsabteilung passiert, können Sie sich vielleicht in etwa vorstellen, oder?

Karin: Ja, schon. Ich muss aber auch einen Bericht für die Schule abliefern. Dazu gehört eine allgemeine Information über den Aufbau Ihrer Firma.

Handke: Das werden Sie sicherlich alles erfahren. Den Aufbau und die Abteilungsgliederung unserer Firma können Sie an unserem Organigramm ablesen. Aber fürs Erste schlage ich zunächst einmal vor, dass ich Sie zur Hauptabteilung Logistik bringe, dort wird sich dann unsere Einkaufsleiterin, Frau Martens, weiter um Sie kümmern.

Mittlerweile ist Karin B. in der Hauptabteilung Logistik. Im Auftrag von Frau Martens wird Karin von der Auszubildenden Petra Steinfurt (3. Ausbildungsjahr) mit dem Betrieb bekannt gemacht.

Petra: Bevor wir einmal durch den Betrieb laufen, kann ich dir ja unsere Aufbauorganisation an diesem Organigramm hier erklären.

Karin: Ach, davon hat schon Herr Handke gesprochen. Ich brauche diese Infos auch für einen Bericht für die Schule.

Petra: Gut. Du kannst dir auch eine Kopie eines solchen Organigramms machen. Nun, wie du siehst, ist die Interrad GmbH nach einem Stab-Linien-System organisiert.

Karin: Was heißt denn das?

Petra: Ähm .., wie du siehst, allen übergeordnet ist die Geschäftsführung. Denen sind zwei Stabsstellen zugeordnet, nämlich das Sekretariat auf der einen Seite, die Organisation und Statistik auf der anderen Seite.

Karin: Stabsstellen, verrat mal, was ist denn das?

Petra: Diese sind unmittelbar der Geschäftsführung unterstellt und übernehmen zum Beispiel in deren Auftrag Spezialaufgaben und beraten auch die Geschäftsführung, das gilt insbesondere für die Organisation und Statistik. In vielen Fällen braucht die Geschäftsführung bei wichtigen Entscheidungen die Beratung dieser Spezialisten. Aber gegenüber den anderen Hauptabteilungen haben diese Stabsstellen keine Anweisungsbefugnis, sie können uns also keine Vorschriften machen. Sie arbeiten nur der Geschäftsführung zu, die Anweisungen kommen dann nur von denen. Das Sekretariat ist übrigens bei uns die zweite Stabsstelle neben der Organisation und Statistik.

Karin: Ach, im Sekretariat hätte ich auch schon Lust, aber ich weiß nicht, in so unmittelbarer Nähe der Chefs, die kriegen dann doch alles mit, oder? Wenn dann mal etwas nicht klappt …

Gesprächsprotokoll über die Aufbauorganisation – Fortsetzung

Petra: Weiß ich auch nicht. Aber es gibt ja viele Möglichkeiten. Wie du siehst, haben wir bei uns 5 Hauptabteilungen, nämlich die Allgemeine Verwaltung, die Logistik, die Produktion, den Absatz und das Rechnungswesen. Diese fünf Hauptabteilungen sind nun wieder in einzelne Abteilungen untergliedert.

Karin: Ah, verstehe. Also z. B. die Hauptabteilung Allgemeine Verwaltung untergliedert sich in die Abteilungen Poststelle und Personalabteilung. Dort hat mich heute Morgen auch Herr Handke empfangen.

Petra: Richtig, aufmerksames Kind, aus dir wird noch etwas. So, und im Moment bist du also in der Hauptabteilung Logistik mit ...

Karin: ... dir in der Abteilung Einkauf, wie mir Herr Handke schon kurz erläutert hat. Hier soll ich zunächst auch bleiben. Und die andere Abteilung der Logistik ist dann das Materiallager. Aber wieso eigentlich Logistik, was hat denn das mit logisch zu tun?

Petra: Das mochtest du wohl nicht den Handke fragen? Logistik ist – soweit ich es weiß – ein Begriff aus dem Militärischen. Damit ist wohl vor allem die Planung und Organisation zur Versorgung des Militärs gemeint, bei uns eben Planung und Organisation des Einkaufs und des Materiallagers.

Karin: Na, werde ich ja erleben. Komme ich eigentlich auch in die Produktion? Ich habe ja vom Fahrrad wenig Ahnung, könnte schon gar nicht irgendetwas zusammenbauen. Aber spannend wers schon, mit den ganzen Jungs in der Produktion.

Petra: Na, sag mal. Also nein, während deines Büropraktikums wohl nicht. Obwohl es da am meisten zu sehen gibt. Nun denn, unsere dritte Hauptabteilung ist die Produktion, sie ist wiederum untergliedert in die beiden Abteilungen Produktionsplanung und Fertigung/Montage. Und wenn die Räder hergestellt sind, müssen sie verkauft werden. Das ist nun – grob gesagt – die Aufgabe unserer vierten Hauptabteilung Absatz.

Karin: Das scheint eine wichtige Hauptabteilung zu sein mit gleich drei Abteilungen: Verkaufsdis..., wie nennt sich das?

Petra: Verkaufsdisposition. Das ist die Planung und Organisation unseres Verkaufs von der Bearbeitung der Kundenbestellung bis zur Rechnungserstellung. Dann gibt es noch im Absatz die Abteilungen Auslieferungslager und Marketing. Dort läuft Werbung und Ähnliches, wirst du ja erleben.

Karin: Ah, nun endlich etwas Bekanntes. Eure fünfte Hauptabteilung nennt sich Rechnungswesen. Kenne ich bestens aus der Schule.

Petra: Obwohl sich die Arbeit in den drei Abteilungen Finanzbuchhaltung, Zahlungsverkehr und Kostenrechnung/Controlling doch ziemlich vom Schulalltag unterscheidet, es sei denn, du hast – so wie ich – auch Fachpraxis in einem Lernbüro erlebt, dann blickst du schon etwas durch.

Karin: Leider nicht. In unserer Schule soll es erst im nächsten Schuljahr ein Lernbüro geben.

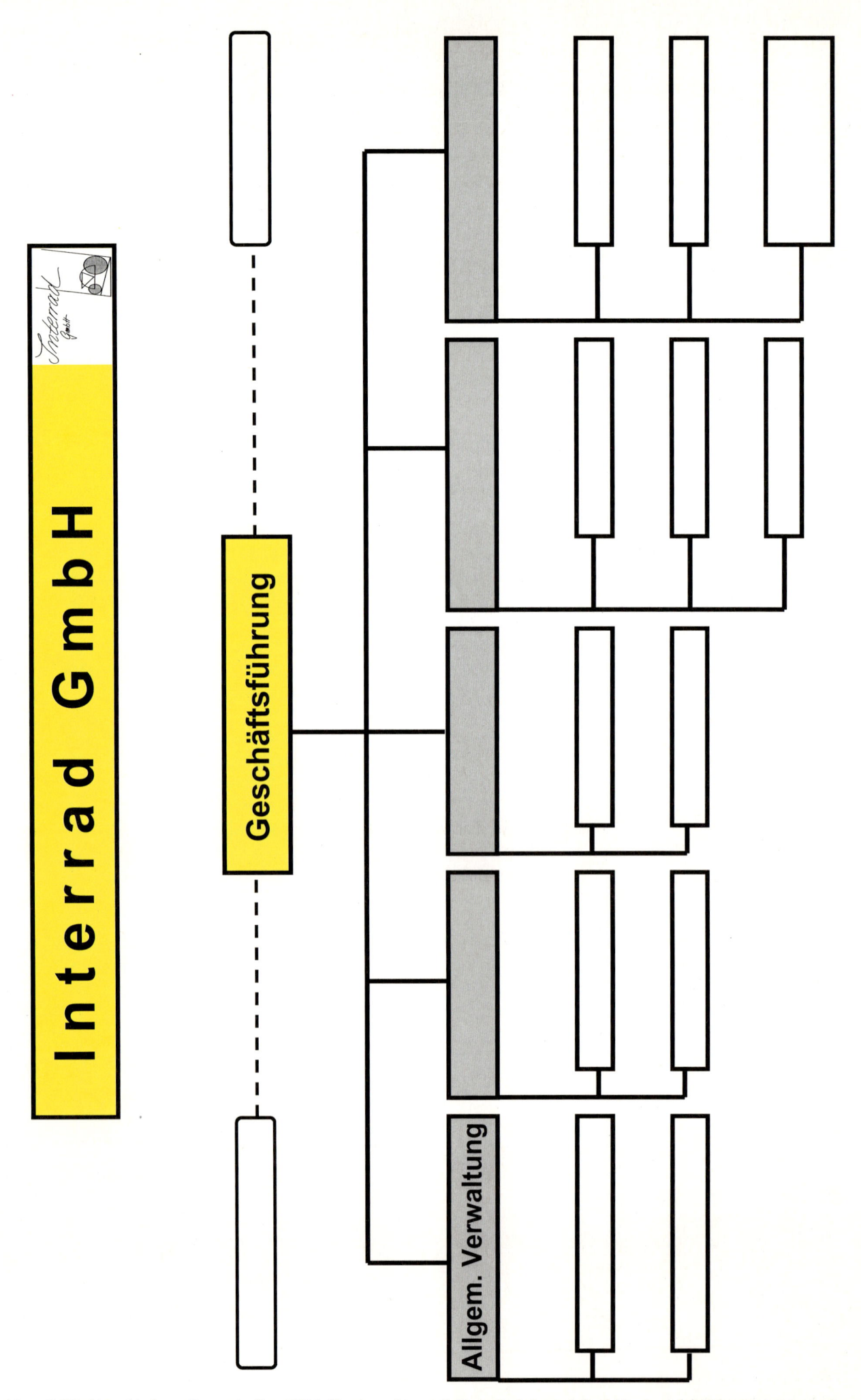

Interrad GmbH

Geschäftsführung

Allgem. Verwaltung

12 © Winklers Verlag • Darmstadt   3220 Abraham/Nemeth/Schalk, Interrad GmbH – Lernfeld Materialwirtschaft

Lernfeld Materialwirtschaft

1 Die Erkundung der Interrad GmbH
1.3 Produkte – Materialnummer – Arbeitsablauf

Arbeitsbogen 3

Situation

Für die Herstellung der Fahrräder aus dem Produktionsprogramm der Interrad GmbH werden viele Teile benötigt. Die Interrad GmbH bezieht die erforderlichen Materialien als fertige Baugruppe von ausgewählten Lieferanten. So werden für eine Gangschaltung nicht die ca. 20 Einzelteile, sondern die gesamte Schaltung als Baugruppe geliefert. Um die Arbeit mit den verschiedenen Artikeln zu erleichtern, hat jede Baugruppe eine Nummer.

Die Produktionsplanung beschafft die Materialien nicht selbst, sondern überlässt das dem Einkauf. Im Materiallager werden die gelieferten Teile bevorratet, um eine störungsfreie Produktion zu gewährleisten. Die Produktionsplanung muss sämtliche Materialien mit Materialentnahmescheinen vom Lager anfordern. Anschließend erfolgt die Montage der Fahrräder.

Arbeitsauftrag

1. Kennzeichnen Sie die Teile bzw. Baugruppen des Fahrrades auf dem Ausstattungsbild für das Herren-Stadtrad.

2. Warum verlangt die Interrad GmbH von ihren Lieferanten die erforderlichen Materialien für die Montage der Fahrräder in Baugruppen zu liefern?

3. Bestimmen Sie mithilfe des Schlüsselverzeichnisses die Artikelnummern bzw. die einzelnen Fahrradteile.

Teile/Baugruppen	Artikel-Nr.
Lenker für das Mountainbike	
Vorder- und Hinterradbremse für das Rennrad	
	120 071
	910 082
Pedale für das Mountainbike	
Sattel für das Damen-Stadtrad	
	711 033
	910 074
Reifen für das Rennrad	
Laufrad für das Rennrad (vorn und hinten)	
	812 500
	012 852
Gepäckträger	
Schutzbleche für das Stadtrad (vorn und hinten)	
	013 743
	910 078

Lernfeld Materialwirtschaft

| 1 Die Erkundung der Interrad GmbH
1.3 Produkte – Materialnummer – Arbeitsablauf | Arbeitsbogen 3 |

4. Welche Aufgabe erfüllt die Artikelnummer?

5. Tragen Sie die Fahrradteile auf dem Materialentnahmeschein im Feld „Fahrradmontage (Fremdbauteile)" mithilfe der Materialliste ein, um die erforderlichen Materialien für die Montage von Herren-Stadträdern mit einer 24-Gang-Schaltung anzufordern.

6. Ordnen Sie die im Arbeitsablaufplan von 1 – 5 nummerierten Arbeiten den genannten Vorgängen zu.

Arbeitsablaufplan
(Handlungszusammenhänge)

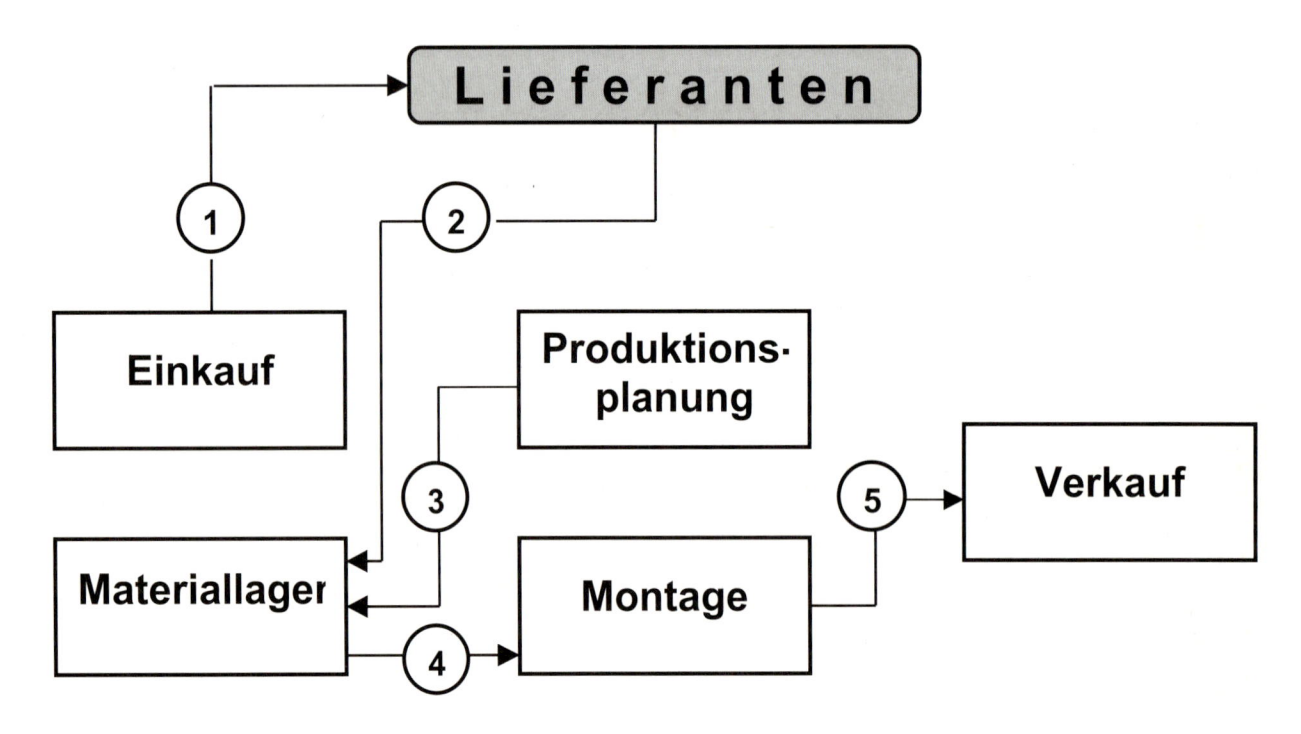

Nr.	Vorgänge
	Lieferung der Teile und Baugruppen.
	Material an die Montage abgeben.
	Teile und Baugruppen bestellen.
	Fertige Fahrräder an den Verkauf abgeben.
	Für die Montage Material mit Entnahmescheinen anfordern.

Anlagen
Schulungsmaterial: Ausstattungsbild Herren-Stadtrad
Schlüsselverzeichnis zum Aufbau der Artikelnummer
Materialliste – siehe Anhang
Blanko-Materialentnahmeschein

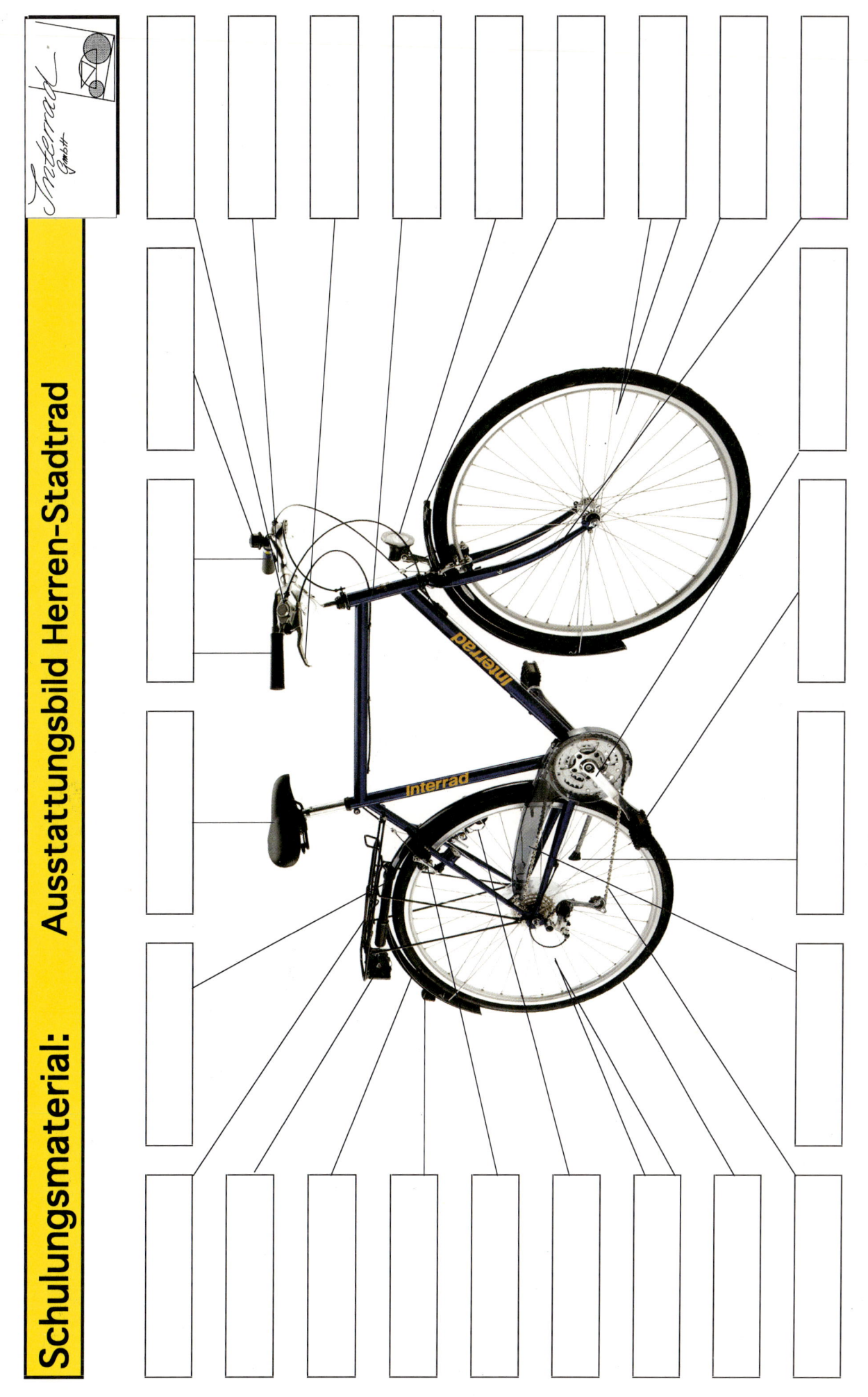

Schulungsmaterial: Ausstattungsbild Herren-Stadtrad

Schlüsselverzeichnis zum Aufbau der Artikelnummer

Beispiel: | 7 | 1 | 1 | 0 | 3 | 1 |

| Artikelgruppe | Fremdbauteil oder Eigenproduktion | Fahrradtyp | Untergruppen | | |

Artikelgruppe

- 1 = Rahmen mit Gabel
- 2 = Laufräder/Reifen
- 3 = Lenker
- 4 = Schaltungen
- 5 = Schutzbleche
- 6 = Sattel
- 7 = Bremsen
- 8 = Tretlager/Pedale
- 9 = Standardartikel*
- 0 = Roh-, Hilfs-, Betriebsstoffe

Fremdbauteil oder Eigenproduktion

- 1 = Fremdbauteil
- 2 = Eigenproduktion

Fahrradtyp

- 0 = Neutral
- 1 = Stadtrad
- 2 = Mountainbike
- 3 = Rennrad

Untergruppen

- 0 = Neutral
- 1 = Damenräder
- 2 = Herrenräder
- 3 = Laufräder
- 4 = Reifen
- 5 = Tretlager
- 6 = Pedale
- 7 = Rohstoffe
- 8 = Hilfsstoffe
- 9 = Betriebsstoffe

Untergruppen (letzte Ziffern)

- 0 0 = Neutral
- 0 7 = 7-Gang-Schaltung
- 1 18 = 18-Gang-Schaltung
- 1 21 = 21-Gang-Schaltung   — Schaltungen
- 1 24 = 24-Gang-Schaltung
- 2 27 = 27-Gang-Schaltung
- 3 1 = vorn
- 3 2 = hinten
- 3 3 = vorn und hinten oder ein Paar
- 4 1 = Aluminium
- 4 2 = Kohlenstoff-Mangan-Stahl   — Rohstoffe
- 4 3 = Chrom-Molybdän-Stahl
- 5 1 = Farbe Blau
- 5 2 = Farbe Rot
- 5 3 = Farbe Gelb
- 6 1 = Schmierstoffe   — Hilfsstoffe
- 7 1 = Montage-Set   — Betriebsstoffe
- 7 2 = Halogenscheinwerfer
- 7 3 = Lichtmaschine
- 7 4 = Rücklicht
- 7 5 = Speichenreflektoren (4 Stück)
- 7 6 = Reflektor, vorn (weiß)
- 7 7 = Reflektor, hinten (rot)
- 7 8 = Kette
- 7 9 = Kettenschutz   — Standardartikel
- 8 0 = Rahmenschloss
- 8 1 = Griffe (Paar)
- 8 2 = Lenkerband
- 8 3 = Glocke
- 8 4 = Fahrradständer
- 8 5 = Fahrradpumpe
- 8 6 = Gepäckträger
- 8 7 = Werkzeugtasche

* Die Standardartikel werden entsprechend der Interrad-Artikelliste an alle Fahrräder montiert!

16 © Winklers Verlag • Darmstadt   3220 Abraham/Nemeth/Schalk, Interrad GmbH – Lernfeld Materialwirtschaft

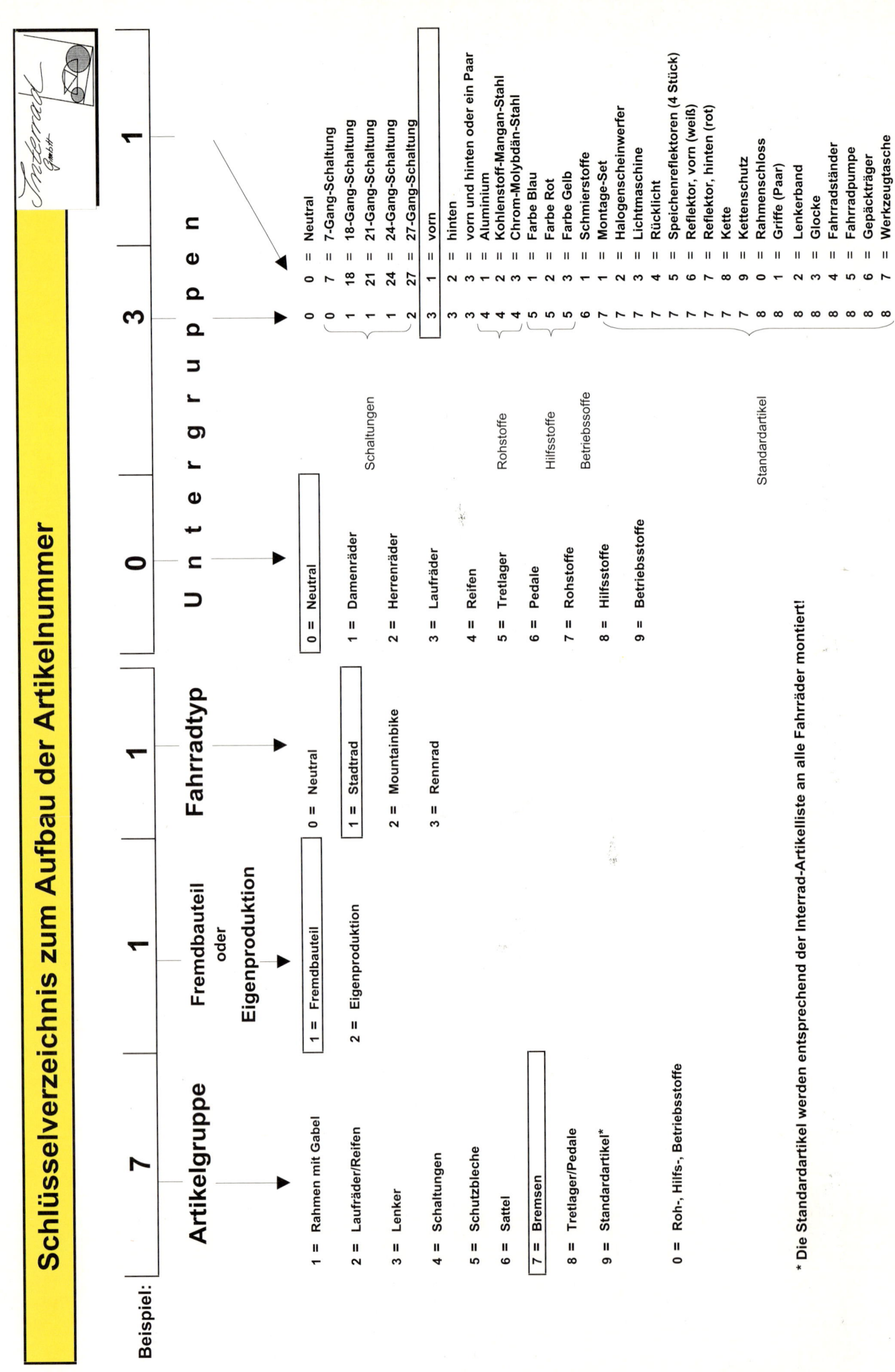

MATERIALENTNAHMESCHEIN STADTRAD (TYP 1)

Bedarfszeitraum (Plandaten)		Bedarfsmenge	
Anforderungszeitraum (Wochen)		Anforderungsmenge	
Materialentnahmeschein-Nr.		Bearbeiter/-in	
Produktionsauftrags-Nr.		Datum	

STÜCKLISTE STANDARDAUSSTATTUNG					PLANDATEN	MATERIALANFORDERUNG	
Material-nummer	Materialbezeichnung			Ein-heit	An-zahl	Bedarfs-menge	Anforderungs-menge	Auslieferungs-menge
RAHMENFERTIGUNG (ROH- UND HILFSSTOFFE)								
FAHRRADMONTAGE (FERTIGTEILE)								

Lernfeld Materialwirtschaft

2 Die Bedarfsplanung der Interrad GmbH

Arbeitsbogen 4

Situation

Die Interrad GmbH plant die Produktion von drei Fahrradtypen in zehn verschiedenen Versionen für den Zeitraum vom 1. Oktober bis zum 31. Dezember 20.. . Von dem Stadtrad und dem Mountainbike werden jeweils zur Hälfte Damen- und Herrenräder produziert. Die Rennräder werden ausschließlich in der Herrenradversion hergestellt. Der Anteil der einzelnen Schaltungen beträgt bei jedem Fahrradtyp 50 %. Die Interrad GmbH arbeitet fünf Tage die Woche. Wegen Wartungs-, Reparatur- und Inventurarbeiten ruht vom 28. bis zum 30. Dezember die Produktion. Die Montage beginnt am ersten Werktag im Oktober mit Stadträdern. Die Produktionsfolge ist Stadtrad, Mountainbike, Rennrad (beachte Produktionsrhythmus). Die Rahmen und Gabeln werden parallel zum Bedarf gefertigt und sofort an die Montage weitergereicht. Weitere Einzelheiten sind der Tabelle zu entnehmen:

Fahrradtyp	Produktionsmenge pro Tag	Produktionsrhythmus	Ausstattungsversion
Typ 1 – Stadtrad	200 Stück	3 Tage	07-Gang-Schaltung 24-Gang-Schaltung
Typ 2 – Mountainbike	200 Stück	2 Tage	21-Gang-Schaltung 27-Gang-Schaltung
Typ 3 – Rennrad	200 Stück	1 Tag	18-Gang-Schaltung 27-Gang-Schaltung

Arbeitsauftrag

1. Ermitteln Sie für jeden Fahrradtyp die Produktionsmenge für das letzte Quartal und füllen Sie für die Produktion den Terminplan gemäß Muster (Seite 18) aus.

2. Erstellen Sie mithilfe des Terminplans den Produktionsauftrag für die ersten zwei Wochen im Oktober 20.. (40. und 41. KW).

3. Füllen Sie mithilfe des Termin- und Produktionsplans, des Produktionsauftrags und der Materialliste die Materialentnahmescheine für die drei Fahrradtypen Stadtrad, Mountainbike und Rennrad aus.

   a) Errechnen Sie anhand der Stücklisten auf den jeweiligen Materialentnahmescheinen die Bedarfsmengen für das 4. Quartal und tragen Sie die Werte jeweils in die Spalte „Plandaten" ein.

   b) Fordern Sie für die ersten zwei Produktionswochen (40. KW und 41. KW) im Oktober 20.. das erforderliche Material an. Tragen Sie die Mengen jeweils in die Spalte „Anforderungsmenge" ein.

Lernfeld Materialwirtschaft

2 Die Bedarfsplanung der Interrad GmbH

Arbeitsbogen 4

4. Erläutern Sie die Begriffe Bedarfsmenge und Anforderungsmenge (Bestellmenge).

5. Nennen Sie Einflussgrößen, welche die Höhe der Bedarfsmenge bestimmen.

Anlagen/Arbeitsunterlagen

Terminplan
Produktionsauftrag
Materialentnahmeschein Stadtrad Typ 1, Mountainbike Typ 2, Rennrad Typ 3
Materialliste – siehe Anhang

TERMINPLAN

MUSTER KALENDERLEISTE

Monat													
1	2	3	4	5	6	7	8	9	10	11	TAG		
Mo	Di	Mi	Do	Fr	Sa	So	Mo	Di	Mi	Do	WOCHENTAG		
											FARBMARKIERUNG FAHRRADTYP		
S	S	S					S	S	S		S	=	STADTRAD (BLAU)
			M	M							M	=	MOUNTAINBIKE (ROT)
						R					R	=	RENNRAD (GELB)

MUSTER MONATSABRECHNUNG

FAHRRADTYP	PRODUKTIONSTAGE	STÜCK/TAG	STÜCK/MONAT
STADTRAD (S)	6	200	1 200
MOUNTAINBIKE (M)	2	200	400
RENNRAD (R)	1	200	200
TOTAL	9		1 800

TERMINPLAN

Oktober 20..

1	2	3	4	5	6	7	8	9	10	11	12	13	14	15	16	17	18	19	20	21	22	23	24	25	26	27	28	29	30	31
Sa	So	Mo	Di	Mi	Do	Fr	Sa	So	Mo	Di	Mi	Do	Fr	Sa	So	Mo	Di	Mi	Do	Fr	Sa	So	Mo	Di	Mi	Do	Fr	Sa	So	Mo

FAHRRADTYP		PRODUKTIONSTAGE	STÜCK/TAG	STÜCK/MONAT
STADTRAD	(S)			
MOUNTAINBIKE	(M)			
RENNRAD	(R)			
TOTAL				

November 20..

1	2	3	4	5	6	7	8	9	10	11	12	13	14	15	16	17	18	19	20	21	22	23	24	25	26	27	28	29	30
Di	Mi	Do	Fr	Sa	So	Mo	Di	Mi	Do	Fr	Sa	So	Mo	Di	Mi	Do	Fr	Sa	So	Mo	Di	Mi	Do	Fr	Sa	So	Mo	Di	Mi

FAHRRADTYP		PRODUKTIONSTAGE	STÜCK/TAG	STÜCK/MONAT
STADTRAD	(S)			
MOUNTAINBIKE	(M)			
RENNRAD	(R)			
TOTAL				

Dezember 20..

1	2	3	4	5	6	7	8	9	10	11	12	13	14	15	16	17	18	19	20	21	22	23	24	25	26	27	28	29	30	31
Do	Fr	Sa	So	Mo	Di	Mi	Do	Fr	Sa	So	Mo	Di	Mi	Do	Fr	Sa	So	Mo	Di	Mi	Do	Fr	Sa	So	Mo	Di	Mi	Do	Fr	Sa

FAHRRADTYP		PRODUKTIONSTAGE	STÜCK/TAG	STÜCK/MONAT
STADTRAD	(S)			
MOUNTAINBIKE	(M)			
RENNRAD	(R)			
TOTAL				

QUARTALSABRECHNUNG

FAHRRADTYP		PRODUKTIONSTAGE	Ø STÜCK/TAG	STÜCK/QUARTAL
STADTRAD	(S)			
MOUNTAINBIKE	(M)			
RENNRAD	(R)			
TOTAL				

PRODUKTIONSAUFTRAG

Produktionsmenge (insgesamt):	Prod.-Auftrags-Nr.:
Produktionszeitraum:	Datum:
Produktionswoche:	Bearbeiter/-in:

PRODUKTIONSPROGRAMM		FERTIGUNGSMENGE	
Bestell-Nummer	Typenbezeichnung	Produktionsmenge / Zeitraum	Quittung
FERTIGE ERZEUGNISSE			
110 071	Stadtrad, Damen, 07-Gang-Nabenschaltung		
110 241	Stadtrad, Damen, 24-Gang-Schaltung		
120 071	Stadtrad, Herren, 07-Gang-Nabenschaltung		
120 241	Stadtrad, Herren, 24-Gang-Schaltung		
210 212	Mountainbike, Damen, 21-Gang-Schaltung		
210 272	Mountainbike, Damen, 27-Gang-Schaltung		
220 212	Mountainbike, Herren, 21-Gang-Schaltung		
220 272	Mountainbike, Herren, 27-Gang-Schaltung		
320 183	Rennrad, 18-Gang-Schaltung		
320 273	Rennrad, 27-Gang-Schaltung		

© Winklers Verlag • Darmstadt   3220 Abraham/Nemeth/Schalk, Interrad GmbH – Lernfeld Materialwirtschaft

MATERIALENTNAHMESCHEIN
STADTRAD (TYP 1)

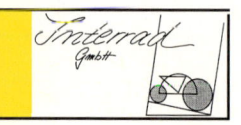

Bedarfszeitraum (Plandaten)		Bedarfsmenge	
Anforderungszeitraum (Wochen)		Anforderungsmenge	
Materialentnahmeschein-Nr.		Bearbeiter/-in	
Produktionsauftrags-Nr.		Datum	

	STÜCKLISTE STANDARDAUSSTATTUNG			PLANDATEN	MATERIALANFORDERUNG	
Material-nummer	Materialbezeichnung	Ein-heit	An-zahl	Bedarfs-menge	Anforderungs-menge	Auslieferungs-menge
RAHMENFERTIGUNG (ROH- UND HILFSSTOFFE)						
011 741	Rohre: Aluminiumrohre, D-Rahmen	Bausatz	1			
011 741	Rohre: Aluminiumrohre, H-Rahmen	Bausatz	1			
011 851	Farbe: Blau	kg	0,5			
FAHRRADMONTAGE (FERTIGTEILE)						
121 100	Rahmen mit Gabel, Damen	Stück	1			
121 200	Rahmen mit Gabel, Herren	Stück	1			
211 331	28er-Laufrad (v.) für 7-Gang	Stück	1			
211 332	28er-Laufrad (h.) für 7-Gang	Stück	1			
211 333	28er-Laufrad (v. / h.) für 24-Gang	Set	1			
211 400	Decke, Schlauch, Felgenband	Set	2			
311 000	Lenker	Stück	1			
410 007	07-Gang-Schaltung	Stück	1			
410 024	24-Gang-Schaltung	Stück	1			
511 033	Schutzblech (vorn und hinten)	Set	1			
611 100	Sattel, Damen	Stück	1			
611 200	Sattel, Herren	Stück	1			
711 031	Bremse (v.) für 7-Gang	Stück	1			
711 033	Bremse (v. / h.) für 24-Gang	Set	1			
811 500	Tretlager	Stück	1			
811 633	Pedale komplett	Paar	1			
910 071	Montage-Set	Stück	1			
910 072	Halogenscheinwerfer m. Reflektor	Stück	1			
910 073	Lichtmaschine	Stück	1			
910 074	Rücklicht (Schlussleuchte)	Stück	1			
910 075	4 Speichenreflektoren, gelb	Set	1			
910 077	Reflektor, rot (hinten)	Stück	1			
910 078	Kette	Stück	1			
910 079	Kettenschutz	Stück	1			
910 080	Rahmenschloss	Stück	1			
910 082	Lenkerband	Stück	1			
910 083	Glocke	Stück	1			
910 084	Fahrradständer	Stück	1			
910 085	Fahrradpumpe	Stück	1			
910 086	Gepäckträger	Stück	1			
910 087	Werkzeugtasche	Stück	1			

MATERIALENTNAHMESCHEIN MOUNTAINBIKE (TYP 2)

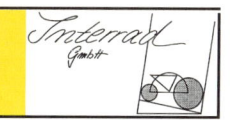

Interrad GmbH

Bedarfszeitraum (Plandaten)		Bedarfsmenge	
Anforderungszeitraum (Wochen)		Anforderungsmenge	
Materialentnahmeschein-Nr.		Bearbeiter/-in	
Produktionsauftrags-Nr.		Datum	

| \multicolumn{4}{c}{STÜCKLISTE STANDARDAUSSTATTUNG} | PLANDATEN | \multicolumn{2}{c}{MATERIALANFORDERUNG} |

Material-nummer	Materialbezeichnung	Einheit	Anzahl	Bedarfs-menge	Anforderungs-menge	Auslieferungs-menge
\multicolumn{7}{l}{RAHMENFERTIGUNG (ROH- UND HILFSSTOFFE)}
012 742	Rohre: Kohlenst.-Manganstahl, D.	Bausatz	1			
012 742	Rohre: Kohlenst.-Manganstahl, H.	Bausatz	1			
012 852	Farbe: Rot	kg	0,5			
\multicolumn{7}{l}{FAHRRADMONTAGE (FERTIGTEILE)}
122 100	Rahmen mit Gabel, Damen	Stück	1			
122 200	Rahmen mit Gabel, Herren	Stück	1			
212 333	26er-Laufrad (vorn und hinten)	Set	1			
212 400	Decke, Schlauch, Felgenband	Set	2			
312 000	Lenker	Stück	1			
410 021	21-Gang-Schaltung	Stück	1			
410 027	27-Gang-Schaltung	Stück	1			
612 100	Sattel, Damen	Stück	1			
612 200	Sattel, Herren	Stück	1			
712 033	Bremse (vorn und hinten)	Set	1			
812 500	Tretlager	Stück	1			
812 633	Pedale komplett	Paar	1			
910 071	Montage-Set	Set	1			
910 075	4 Speichenreflektoren, gelb	Set	1			
910 076	Reflektor, weiß (vorn)	Stück	1			
910 077	Reflektor, rot (hinten)	Stück	1			
910 078	Kette	Stück	1			
910 079	Kettenschutz	Stück	1			
910 081	Griffe	Paar	1			
910 085	Fahrradpumpe	Stück	1			
910 087	Werkzeugtasche	Stück	1			

MATERIALENTNAHMESCHEIN RENNRAD (TYP 3)

Bedarfszeitraum (Plandaten)		Bedarfsmenge	
Anforderungszeitraum (Wochen)		Anforderungsmenge	
Materialentnahmeschein-Nr.		Bearbeiter/-in	
Produktionsauftrags-Nr.		Datum	

	STÜCKLISTE STANDARDAUSSTATTUNG			PLANDATEN	MATERIALANFORDERUNG	
Material-nummer	Materialbezeichnung	Ein-heit	An-zahl	Bedarfs-menge	Anforderungs-menge	Auslieferungs-menge
RAHMENFERTIGUNG (ROH- UND HILFSSTOFFE)						
013 743	Rohre: Chrom-Molybdänstahl	Bausatz	1			
013 853	Farbe: Gelb	kg	0,5			
FAHRRADMONTAGE (FERTIGTEILE)						
123 200	Rahmen mit Gabel, Herren	Stück	1			
213 333	28er-Laufrad (vorn und hinten)	Set	1			
213 400	Schlauchreifen mit Felgenband	Set	2			
313 000	Lenker	Stück	1			
410 018	18-Gang-Schaltung	Stück	1			
410 027	27-Gang-Schaltung	Stück	1			
613 200	Sattel, Herren	Stück	1			
713 033	Bremse (vorn und hinten)	Set	1			
813 500	Tretlager	Stück	1			
813 633	Pedale komplett	Paar	1			
910 071	Montage-Set	Set	1			
910 078	Kette	Stück	1			
910 079	Kettenschutz	Stück	1			
910 082	Lenkerband	Stück	1			
910 085	Fahrradpumpe	Stück	1			
910 087	Werkzeugtasche	Stück	1			

Lernfeld Materialwirtschaft

3 Bezugsquellen und Anfrage
3.1 Bezugsquellen ermitteln

Arbeitsbogen 5

Situation

Die Interrad GmbH betreibt eine sorgfältige Einkaufspolitik und bezieht daher die Montageteile und Baugruppen hauptsächlich von Markenherstellern. Wegen der gestiegenen Preise auf der Beschaffungsseite und wegen des verstärkten Wettbewerbs auf dem Fahrradmarkt überprüft die Interrad GmbH ihre Lieferantenbeziehungen. Die Bezugsquellenkartei über die Lieferanten der Interrad GmbH soll deshalb erweitert werden.

Arbeitsauftrag

1. Welche Anforderungen bzw. Ansprüche stellt die Interrad GmbH an ihre Lieferanten?

2. Die Bezugsquellenkartei der Interrad GmbH enthält die Adressen der Lieferanten sortiert nach Materialgruppen. Es sind bereits die jeweiligen Stammlieferanten für Bremsen, Tretlager/Pedale und Beleuchtung eingetragen worden. Ergänzen Sie die Bezugsquellenkartei um zwei weitere Lieferanten für die drei Materialgruppen.

3. Die drei Bezugsquellenverzeichnisse sind unterschiedlich aufgebaut.

    a) Erläutern Sie die Unterschiede.

    b) Welches Verzeichnis ist am besten geeignet, um Lieferanten aus der näheren Umgebung herauszusuchen?

4. Welche Bedeutung hat die räumliche Nähe eines Lieferanten für die Interrad GmbH.

5. Nennen Sie weitere Bezugsquellen, um Lieferanten für den Einkauf von Artikeln zu ermitteln.

Anlagen/Arbeitsunterlagen

Auszug aus der Bezugsquellenkartei der Interrad GmbH
Auszug aus dem IFMA-Messekatalog
Auszug aus dem Branchenadressbuch „Wer liefert was?"
Auszug aus dem Branchenadressbuch „ABC der Deutschen Wirtschaft"

BEZUGSQUELLENKARTEI

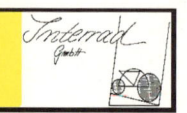

Materialgruppe:		Beleuchtung	
	Lieferer 1	Lieferer 2	Lieferer 3
Lieferanten-Nr.			
Name	ULO-Werk GmbH & Co. KG		
Postfach	14 65		
PLZ	73304		
Straße	Robert-Bosch-Straße 3		
PLZ	73312		
Ort	Geislingen/Steige		
Telefon	07331 26-0		
Fax	07331 26277		
E-Mail	ulo@aol.de		
Angebot vom	20..-10-14		
Bemerkungen			

Materialgruppe:		Bremsen	
	Lieferer 1	Lieferer 2	Lieferer 3
Lieferanten-Nr.			
Name	Shimano		
	Shimano Europa GmbH		
Postfach	7 70		
PLZ	40707		
Straße	Kleinhülsen 1-3		
PLZ	40724		
Ort	Hilden		
Telefon	02103 5005-0		
Fax	02103 5005-25		
E-Mail	info@shimano.de		
Angebot vom	20..-10-18		
Bemerkungen			

Materialgruppe:		Pedale	
	Lieferer 1	Lieferer 2	Lieferer 3
Lieferanten-Nr.			
Name	ESJOT		
	Antriebstechnik GmbH		
Postfach			
PLZ			
Straße	Oesterweg 24		
PLZ	59469		
Ort	Ense-Höingen		
Telefon	2938 9751-0		
Fax	02938 9751-23		
E-Mail	info@esjot.com		
Angebot vom	20..-07-11		
Bemerkungen			

Wer liefert was?

Index

F

- Fahnen 5 /3923
- Fahnenbänder 3 /905
- Fahnenketten 5 / 3927
- Fahnenmasten 5 / 3929
- Fahnenspitzen 5 /3935
- Fahrradanhänger 7 / 4205
- – kupplungen 7 / 4243
- Fahrradaufkleber 7 / 1428
- Fahrradbatterielampen 7 / 4204b
- Fahrradbekleidung 7 / 4226
- Fahrradbeleuchtung 7 / 4207
- Fahrradbeleuchtungskabel 7 / 4207
- Fahrradbereifung 7 / 4204b
- Fahrradboxen 7 / 4205
- – aus Stahl 2 / 157
- – aus Waschbeton 2 / 158
- Fahrradbremsen 7 / 4209
- Fahrradcomputer 7 / 4213
- Fahrradkabel 7 / 4227
- Fahrradkartenhalter 7 / 4235
- Fahrradketten 7 / 4229
- – radgarnituren aus Alu 7 / 4233
- – schienen 7 / 4235
- – schützer 7/ 4235
- Fahrradkilometerzähler 7 / 4204b
- Fahrradkindersitze 7 / 4237
- Fahrradkippständer 7 / 4239
- Fahrradlampen 7 / 4204b
- Fahrradlenker 7 / 4245
- Fahrradlichtanlagen 7 / 4204b
- Fahrradluftpumpen 7 / 4246
- Fahrradnaben 7 / 4247
- – putzringe 7/ 4204b
- Fahrradgepäcktaschen 7 / 4291
- Fahrradpavillons 7 / 4286 a
- Fahrradpedale 7 / 4251
- Fahrradrahmen 7 / 4253
- – teile 7 / 4255
- Fahrradrohrrahmen 7 / 4204b
- Fahrradrücklichtgläser 8 / 4873
- Fahrradrückspiegel 7 / 4257
- Fahrradrückstrahler 7 / 4208
- – gläser 8 / 4873
- Fahrradrahmen 7 / 4253
- Fahrradsattel 7 / 4204b
- Fahrradschlösser 7 / 4204b
- Fahrradschlussleuchten 7 / 4208
- Farbdruck 5 / 3335
- Farbdrucker 5 / 243
- Färbeanlagen 3 / 1981

Wer liefert was?

4207

Fahrradbeleuchtung
Bicycle lamps
Eclairage pour bicyclettes
Impianti di illuminazione
Fietsverlichting, fietsreflectie
Alumbrado para biccicietas

Busch & Müller, B & M
Postfach 1141
D-585427 Meinerzhagen
Tel. 02354 915-6. Fax 02354 915-6
E-Mail: info@bumm.de
Scheinwerfer, Schlussleuchten,
Diodenleuchten, Batterieleuchten

FER Fahrzeugelektrik GmbH
Postfach 217
99817 Eisenach
Tel. 036920 87222
Telefax: 036920 87222
Lichtmaschinen, Scheinwerfer,
Schlussleuchten

Progress Kunststoff GmbH
Steinmühlenstraße 24 a
61352 Bad Homburg
Tel. 06172 457046
Telefax: 06172 45146

4209

Fahrradbremsen
Bicycle brakes
Freins de bicyclettes
Freni per biciclette
Fietsremmen
Frenos para bicicletas

MAGURA
Gustav Magenwirth GmbH & Co.
Stuttgarter Straße 48
72574 Bad Urach
Tel. 07125 153-0
Fax. 07125 153245

Messingschlager, Rudolf
Hassbergstraße 45
96148 Baunach
Tel. 09544 5945-0
Fax: 09544 5940

SRAM
SRAM Deutschland GmbH
Ernst-Sachs-Straße 62
97000 Schweinfurt
Tel. 09721 98-0
Fax: 09721 982290

– 7 / 4253

4245

Fahrradlenker
Bicycle handlebars
Guidons bicyclette
Manmubri per biciclette
Fietssturen
Manillares para biccicietas

ESGE-MARBY
ESGE-MARBY GMBH + Co. KG
Braker Straße 1
33729 Bielefeld
Tel. 0521 77003-0
Fax: 0521 77003-77

Kentstone
Zweirad-Vertriebs GmbH
Goethestraße 5
71139 Ehningen
Tel. 07034 60460. Fax 07034 60876

4246

Luftpumpen
Air pumps (inflators)
Pompes à air
Pompe per pneumatici
Fietspompen
Bombas de aire

Pieper, Karl GmbH & Co. KG
Westring 382
42329 Wuppertal
Tel. 0212 59839
Fax: 0212 592909

SKS Scheffer-Klute GmbH
Hubertushalle 4
59846 Sundern
Tel. 02933 831-0. Fax 02933 831115

4251

Pedale für Zweiradfahrzeuge
Pedals for two-wheeled vehicles
Pèdales pour vèhicules
Pedali per veicoli a due ruote
Pedalen voor tweewielers
Pedales para vehiculos

ESJOT
ESJOT Antriebstechnik GmbH
Oesterweg 2
59469 Ense
Tel. 02938 9751-0.
Fax 02938 9751-23

Wagner GmbH & Co.
Frankfurter Straße 80–82
36043 Fulda
Tel. 0661 9461-0
Fax: 0661 9461-40

Auszug aus einem Branchenadressbuch (nach „Wer liefert was?")

ABC der Deutschen Wirtschaft – Quellenwerk für Einkauf-Verkauf

4235 Fahrradbeleuchtung

96148 Baunach
Messingschlager, Rudolf, 96148
Haßbergstraße 45, Tel.: 09544 5945-0
Fax: 09544 5940

99817 Eisenach
FER Fahrzeugelektrik GmbH
Fritz-Erbe-Straße, Tel.: 036920 870
Fax: 036920 87222

58730 Fröndenberg
UNION Fröndenberg, 58730
Ardeyer Straße 13/15, Tel.: 02373 753-1
Fax: 02373 753-209

73312 Geislingen a. d. Steige
ULO-WERK
Moritz Ullmann GmbH & Co. KG
Daimlerstraße 42, Tel.: 07325 3588-0
Fax: 07325 3565

4237 Fahrradbereifung

96148 Baunach
Messingschlager, Rudolf, 96148
Haßbergstraße 45, Tel.: 09544 5945-0
Fax: 09544 5940

51702 Bergneustadt
Bohle & Co. GmbH
Kölner Straße 299, Tel.: 02261 40950-0
Fax: 02261 40023

64747 Breuberg
Pirelli Reifenwerke GmbH
Tel.: 06163 71-0
Fax: 06163 712554

30000 Hannover
Continental AG, 30165
Büttnerstraße 25, Tel.: 0511 938-01
Fax: 0511 9382766

76000 Karlsruhe
Michelin Reifenwerke, 76185
Postfach 210951, Tel.: 0721 8600-430
Fax: 0721 8600-290

4239 Fahrradbremsen

72574 Bad Urach
Magura - Gustav Magenwirth GmbH & Co.
Stuttgarter Straße 48, Tel.: 07125 153-0
Fax. 07125 153245

96148 Baunach
Messingschlager, Rudolf, 96148
Haßbergstraße 45, Tel.: 09544 5945-0
Fax: 09544 5940

60000 Frankfurt am Main
TEVES GMBH, Alfred, 60488
Guerickestraße 7, Tel.: 069 60488
Fax: 069 769036

36000 Fulda
Büchel & Co., Fahrzeugteilefabrik GmbH
36007, Postfach 747
Tel.: 0661 601031, Fax: 0661 601033

40707 Hilden
SHiMANO (EUROPA) GmbH, 40707
Postfach 770, Tel.: 02103 5005-0
Fax: 02103 5005-25

58566 Kierspe
Wirth, Carl August, 59566
Volmestraße 199, Tel.: 02359 525
Fax: 02359 7299

97000 Schweinfurt
SRAM Deutschland GmbH, 97424
Ernst-Sachs-Straße 62, Tel.: 09721 98-0
Fax: 09721 982290

4243 Fahrradfelgen

96148 Baunach
Messingschlager, Rudolf, 96148
Haßbergstraße 45, Tel.: 09544 5945-0
Fax: 09544 5940

33818 Leopoldshöhe
Schürmann-Werk, Fritz Schürmann
GmbH & Co. KG, 33815
Postfach 1264, Tel.: 05202 494-0
Fax: 05202 49417

78224 Singen
Weinmann GmbH & Co. KG, 78224
Im Haselbusch 16, Tel.: 07731 8204-0
Fax: 07731 820457

4249 Fahrradketten

96148 Baunach
Messingschlager, Rudolf, 96148
Haßbergstraße 45, Tel.: 09544 5945-0
Fax: 09544 5940

59469 Ense
ESJOT Antriebstechnik GmbH, 59469
Oesterweg 24, Tel.: 02938 9751-0
Fax: 02938 9751-23

58730 Fröndenberg
UNION Fröndenberg, 58730
Ardeyer Straße 13/15, Tel.: 02373 753-1
Fax: 02373 753-209

4259 Fahrradpedale

96148 Baunach
Messingschlager, Rudolf, 96148
Haßbergstraße 45, Tel.: 09544 5945-0
Fax: 09544 5940

59469 Ense
ESJOT Antriebstechnik GmbH, 59469
Oesterweg 24, Tel.: 02938 9751-0
Fax: 02938 9751-23

36000 Fulda
Büchel & Co., Fahrzeugteilefabrik GmbH
36007, Postfach 747
Tel.: 0661 601031, Fax: 0661 601033

97000 Schweinfurt
SRAM Deutschland GmbH, 97424
Ernst-Sachs-Straße 62, Tel.: 09721 98-0
Fax: 09721 982290

96242 Sonnefeld
SOBAPLAST, 96239,
Postfach 1247, Tel.: 09562 8430
Fax: 09562 7936

Auszug aus einem Branchenadressbuch (nach „ABC der Deutschen Wirtschaft")

Teile und Zubehör für Zweiräder aller Art 4012

Bremsen 4012

Brakes, Freins, Remmen, Frenos, Freni

APSE ENTERPRISE Co., Ltd.
54 Chang St. Hsiu-Shui
ROC-Chang-Hua, Taiwan
Tel. 00886 4-7622764
Telefax 00886 4-7611907
Halle 14.2, L 76

FIBRAX Ltd.
Queensway
GB-Wrexham, LL 13 8YR
Tel. 044 1978-356744
Telefax 044 1978-365206
E-Mail: fibrax@co.uk
Halle 14.2, P21

formula di Daniela Frati
Via Maroncelli 3
I-50047 Prato
Tel. 0039 574603609
Telefax 0039 574603609
Halle 10.1, A 78/B 79

MAGURA
Gustav Magenwirth GmbH & Co.
Stuttgarter Straße 48
D-72574 Bad Urach
Tel. 07125 153-0
Telefax 07125 153245
E-Mail: brake@magura.de
Halle 14.1, A 11

Rasant Fahrzeugteile
Rolf Schmidt
Rennsteigstraße 113
D-98701 Neustadt
Tel. 036781 28803
Telefax 036781 23885
Halle 14.2, K 11/L 10

THIRD WAVE CARRIERS B.V.
Zuidermolenweg 20
NL-1069 GG Amsterdam
Tel. 0031 20-6107033
Telefax 0031 20-6107099
Halle 10.2, G 79

Teile und Zubehör für Zweiräder aller Art 4066

Pedale 4066

Pedale, Pèdales, Pedalen, Pedales, Pedali

Büchel & Co. Fahrzeugteilefabrik
Thüringen GmbH
Reiflmannstraße 5-9
D-98544 Zella-Mehlis
Tel. 03682 482814
Telefax 03682 48 23 40
Halle 14.2, K 11/L 10

Helmig, Hans, GmbH
Hammermühle 13
D-51491 Overath
Tel. 02206 9579-0
Telefax 02206 957979
Halle 14.2, P61/R 60

Mikashima Ind. Co., Ltd .
1738, Kohjiya, Tokorozawa-shi
J-Saitama 359-1166
Tel. 0429 48-1261
Telefax 0429 48-1265
Halle 10.2, F 58/G 59

Power AS
Storgata 5
N-3923 Porsgrunn
Tel. 0047 35-556877
Telefax 0047 35-552145
E-mail: pedal@power.no
Halle 10.2, F 58/G 59

Thun, Alfred, GmbH & Co. KG
Peddnöde 6,
D-58256 Ennepetal
Tel. 02333 836119
Telefax 02333 836187
E-Mail: a.thun@thun.de
Halle 14.2, L11/M 10

XERAMA Industrial Co.m Ltd.
No., 1-13. Lane 341, Sec 1
Chung Sun Road
Tel. +886 4-6881234
Telefax +886 4-6882141
Halle 14.2, M 19/N 18

Teile und Zubehör für Zweiräder aller Art 6005

Beleuchtungseinrichtungen 6005

Lighting, Eclairage, Verlichtingsapparatuur, Dispositives de ilumincaciòn, Attrezzature d`illuminazione

ABMEX ENTERPRISE Co., LTD.,
R. 4E-o8, Tapei World Trade Center No. 5
RC-Taipei
Tel. 00886 2-27232870
Telefax 0886 2-27251550
E-Mail: abmex@ms18.hinet.net
Halle 10.2, H 77

BASIL B.V./N. van Balveren
Ettensweg 7A
NL-7071AA Ulft
Tel. +31 315-632222
Telefax +31 315-632226
E-Mail: info@basil.nl
Halle 14.2, L29/M 28

Busch & Müller KG
Fahrzeugteilefabrik
Auf dem Bamberg 1
D-58540 Meinerzhagen
Tel. 02354 915-6
Telefax 02354 915700
E-Mail: info@bumm.de
Halle 14.2, K 11/L 10

Hella Bike
Inkereentie 566
FIN-24100 Salo
Tel. +358 2-77551
Telefax +358 2-7755500
E-Mail: info@talmu.fi
Halle 12.2, H 63

SIGMA ELEKTRO GmbH
Produktionsbereich SIGMA SPORT
Dr.-Julius-Leber-Straße 15
D-67433 Neustadt/Weinstraße
Tel. 06321 9120-0
Telefax 06321 9120-34
internet: http:/www.sigma.com
Halle 14.2, P 11/R 10

SUPERLUX S.R.L.
Via M.della Resistenza 6/8
I-20090 Fizzonasco di Pieve
Tel. 02 90720487
Telefax 02 90725265
Halle 10.1, B 10

Veränderter Auszug aus dem IFMA-Messekatalog von 2002

Lernfeld Materialwirtschaft

3 Bezugsquellen und Anfrage
3.2 Anfrage

Arbeitsbogen 6

Situation

Ergänzend zum bisher vorliegenden Angebot des Stammlieferanten ESJOT Antriebstechnik GmbH sollen weitere Angebote eingeholt werden, um die günstigsten Lieferanten zu ermitteln. Auf der letzten „Internationalen Fahrrad- und Motorradausstellung" (IFMA) in Köln wurden wegen der Bestellung von Pedalen bereits Kontakte zu den Unternehmen „Twentse Fiets Toebehoren B.V." und „SRAM Deutschland GmbH" angebahnt.

Hinweis: In der Fahrradindustrie werden die Pedale grundsätzlich nur paarweise abgegeben!

Arbeitsauftrag

1. Für das Verfassen von Geschäftsbriefen – u. a. auch für Anfragen – erhalten die Mitarbeiter eine so genannte Schreibfibel. Sie enthält u. a. „Hinweise zur Briefgestaltung" und einen „Leitfaden zum Schriftverkehr".

   Beantworten Sie mithilfe des „Leitfadens zum Schriftverkehr" folgende Fragen:

   a) Warum legt die Interrad GmbH Wert auf norm- und sachgerechte Darstellung und Formulierung?

   b) Welche rechtliche Konsequenz hat die Anfrage für ein Unternehmen?

   c) Welche beiden Anfragearten werden unterschieden?
   Zu welchem Zweck werden sie verfasst?

2. Die Interrad GmbH bestellt ihre Fremdbauteile monatlich. In der Spalte „Plandaten" der Materialentnahmescheine haben Sie die Bedarfsmengen je Quartal errechnet. Ermitteln Sie aus diesen Werten die durchschnittliche monatliche Bestellmenge für die Pedale aller drei Fahrradtypen.

Lernfeld Materialwirtschaft

3 Bezugsquellen und Anfrage
3.2 Anfrage

Arbeitsbogen 6

3. Mit Datum vom 20..-10-08 werden u. a. gleichlautende Anfragen an SRAM Deutschland und TFT B. V. formuliert, um entsprechende Angebote einzufordern. Erstellen Sie folgende Anfragen mithilfe des „Leitfadens zum Schriftverkehr" und der „Textbausteine zur Anfrage"

   a) an das Unternehmen SRAM Deutschland. Die Interrad GmbH interessiert sich für die Pedale aller drei Fahrradtypen;

   b) an den Stammlieferanten ESJOT Antriebstechnik GmbH, der gleichfalls Pedale anbietet (Adresse siehe Bezugsquellenkartei). Verweisen Sie auf die angespannte Marktlage und verdeutlichen Sie deshalb Ihre Erwartungen hinsichtlich einer Preissenkung bzw. einer Erhöhung der Rabattsätze.

4. Tragen Sie die Anfragen in das Postausgangsbuch.

Anlagen/Arbeitsunterlagen

Auszug aus der Bezugsquellenkartei – Seite 26
Materialliste zur genauen Bezeichnung der Artikel* – siehe Anhang
Auszug aus der Schreibfibel der Interrad GmbH
   „Hinweise zur Briefgestaltung"
   „Leitfaden zum Schriftverkehr – Die Briefgestaltung"
   „Leitfaden zum Schriftverkehr – Anfrage"
   „Textbausteine zur Anfrage"

Geschäftsbriefbogen der Interrad GmbH
Postausgangsbuch der Interrad GmbH – siehe Anhang

Interrad GmbH

Interrad GmbH • Walliser Straße 125 • 28325 Bremen

•
•

Gummithaler Reifenwerke
Postfach 30 30 30
•   **[1]**
99999 Irgendwo
•
•

                                              [2]   Telefon, Name
Ihr Zeichen, Ihre Nachricht   Unser Zeichen, unsere Nachricht vom   0421 421047-   Datum
ab-ro ..-05-13   mu-sa ..-05-04   25 Herr Mustermann   20..-05-26

•

Hinweise zur Briefgestaltung   **[3]**

•

Sehr geehrte Damen und Herren,   **[4]**
•
der Geschäftsbrief ist Mittel zum Zweck. Deswegen ist jedes kaufmännische Schreiben seinem Zweck entsprechend aufzubauen und zu gestalten.
•
Die Form des Briefes bildet den äußeren Rahmen, ist sichtbarer Ausdruck des Inhalts und gibt so optisch Hilfen für den Leser. Inhaltlich ist das Schreiben bestimmt durch
•
    [5]   **die Eindeutigkeit, die Kürze und die verbindliche Höflichkeit der Aussagen.**
•
Der Geschäftsbrief gliedert sich in drei Teile:
•
    Einleitung, Hauptteil (Briefkern) und Schluss.
•
Im ersten Absatz eines Geschäftsbriefes sollte neben der allgemeinen Anknüpfung zunächst auch ein Wort des Dankes stehen. Aber nur, wenn man sich auch wirklich für etwas bedanken kann.
•
Mit dem zweiten Abschnitt folgt der Briefkern, das heißt, der eigentliche Anlass des Schreibens mit einer sachlichen Darstellung des Anliegens. Für den inhaltlichen Aufbau empfiehlt es sich, hier den Sachverhalt sinnvoll zu unterteilen und in chronologischer Reihenfolge der Fakten darzustellen.
•
In einem weiteren Absatz sollten die Wünsche, Bitten oder Forderungen ausdrücklich formuliert werden.
•

    [6] ...

Geschäftsführer/-in:	Registereintragungen:	Kommunikation:		Bankverbindungen:
Karl Bertram jun.	Amtsgericht Bremen	Telefon:	0421 421047-0	Die Sparkasse Bremen
Regina Woldt	HRB 4621	Fax:	0421 421048	Konto-Nr. 1 122 448 800, BLZ 290 501 00
	USt-IdNr. DE 283 355 325	E-Mail:	interrad@t-online.de	Postbank Hamburg
		Internet:	http://www.interrad.de	Konto-Nr. 212 115-201, BLZ 200 100 00

- 2 -

Den Briefschluss bildet in der Regel ein werbewirksamer Satz, der nicht übertrieben unterwürfig wirken soll. Im Zweifel kann auf diesen Abschluss verzichtet werden und der Brief mit der Grußformel enden.

Mit freundlichen Grüßen

Interrad GmbH   [7]

i. A.

Martin Mustermann

Anlage   [8]
1 Musterbrief
2 Merkblätter

Erläuterungen:

[1] Die Empfängeranschrift steht in dem neunzeiligen Anschriftfeld. Die Bezeichnung „An die ..." entfällt. Wenn ein Postfach angegeben ist, sollte es anstelle der Straße eingetragen werden. Die Postfach- sowie Telefonnummern gliedert man von rechts beginnend in Zweiergruppen.

[2] Die Bezugszeichenzeile enthält Angaben über den vorangegangenen Schriftwechsel. Es handelt sich um Anfangsbuchstaben der Sachbearbeiter oder Abteilungen sowie um das Datum des Briefes. Das Entwerten dieser Räume mit einem Strich kann entfallen.

[3] Der Betreff beinhaltet eine stichwortartige Angabe des folgenden Schreibens. Das Wort „Betreff" wird nicht geschrieben. Um den Text hervorzuheben, kann er fett gedruckt werden.

[4] Nach Möglichkeit sollte eine Anrede verwendet werden. Das Komma nach der Anrede hat sich durchgesetzt.

[5] Wichtige Aussagen können durch Einrücken hervorgehoben werden. Die Absätze sind jeweils durch eine Leerzeile zu kennzeichnen.

[6] Der Hinweis auf weitere Seiten wird nach einer Leerzeile und drei Punkten vom Brieftext abgesetzt.

[7] Nach der Grußformel sollte eine Wiederholung der Firmenbezeichnung erfolgen.

[8] Der Anlagenvermerk beendet den Geschäftsbrief. Die beigefügten Anlagen können wie hier aufgeführt oder aber in der Anzahl (z. B. 2 Anlagen) vermerkt werden. Der Anlagenvermerk wird nicht unterstrichen.

Geschäftsführer/-in:	**Registereintragungen:**	**Kommunikation:**		**Bankverbindungen:**
Karl Bertram jun.	Amtsgericht Bremen	Telefon:	0421 421047-0	Die Sparkasse Bremen
Regina Woldt	HRB 4621	Fax:	0421 421048	Konto-Nr. 1 122 448 800, BLZ 290 501 00
	USt-IdNr. DE 283 355 325	E-Mail:	interrad@t-online.de	Postbank Hamburg
		Internet:	http://www.interrad.de	Konto-Nr. 212 115-201, BLZ 200 100 00

Leitfaden

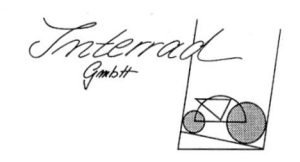

Briefgestaltung – DIN 676

Liebe Mitarbeiterinnen, liebe Mitarbeiter,

die meisten unserer Geschäftsbriefe sind mittlerweile Serienbriefe und dementsprechend mithilfe der Datenverarbeitung vereinheitlicht. Ein weiterer großer Teil unserer Geschäftspost läuft mittlerweile über E-Mail. Aber es ist doch immer wieder erforderlich, individuell zu gestaltende Briefe zu formulieren. Dies gilt besonders bei neuen Geschäftsverbindungen.

Geschäftsbriefe sind auch Visitenkarten unseres Unternehmens. Wirkungsvolle Briefe setzen gute Form, korrekte Rechtschreibung und Zeichensetzung sowie vor allem überzeugende Formulierung voraus.

Zur Hilfestellung geben wir Ihnen in dieser Schreibfibel zunächst eine kurze Übersicht der formalen Vorschriften: DIN 676 als Normalbriefnorm zur Einhaltung bestimmter Positionen auf dem Briefblatt und DIN 5008 als Grundlage zur Standard-Beschriftung von Briefbogen.

(Angaben in mm)

DIN 676 NORMALBRIEFNORM

1. Briefkopffeld

2. Absenderanschrift

3. Empfängeranschrift

4. Feld für Kommunikationszeile und Informationsblock

5. Leitwörter:
   – Ihr Zeichen, Ihre Nachricht vom
   – Unser Zeichen, unsere N. vom
   – Telefon, Name
   – Datum

6. Betreff und nachfolgender Text (siehe DIN 5008)

7. Geschäftsangaben, z. B.:
   – Geschäfts- und/oder Lieferadresse
   – Angaben zur Rechtsform, zum Vorstand usw.
   – Kommunikationsangaben: Telefon, Telefax, E-Mail, Internet
   – Registerangaben, USt-IDNr.
   – Bankverbindungen

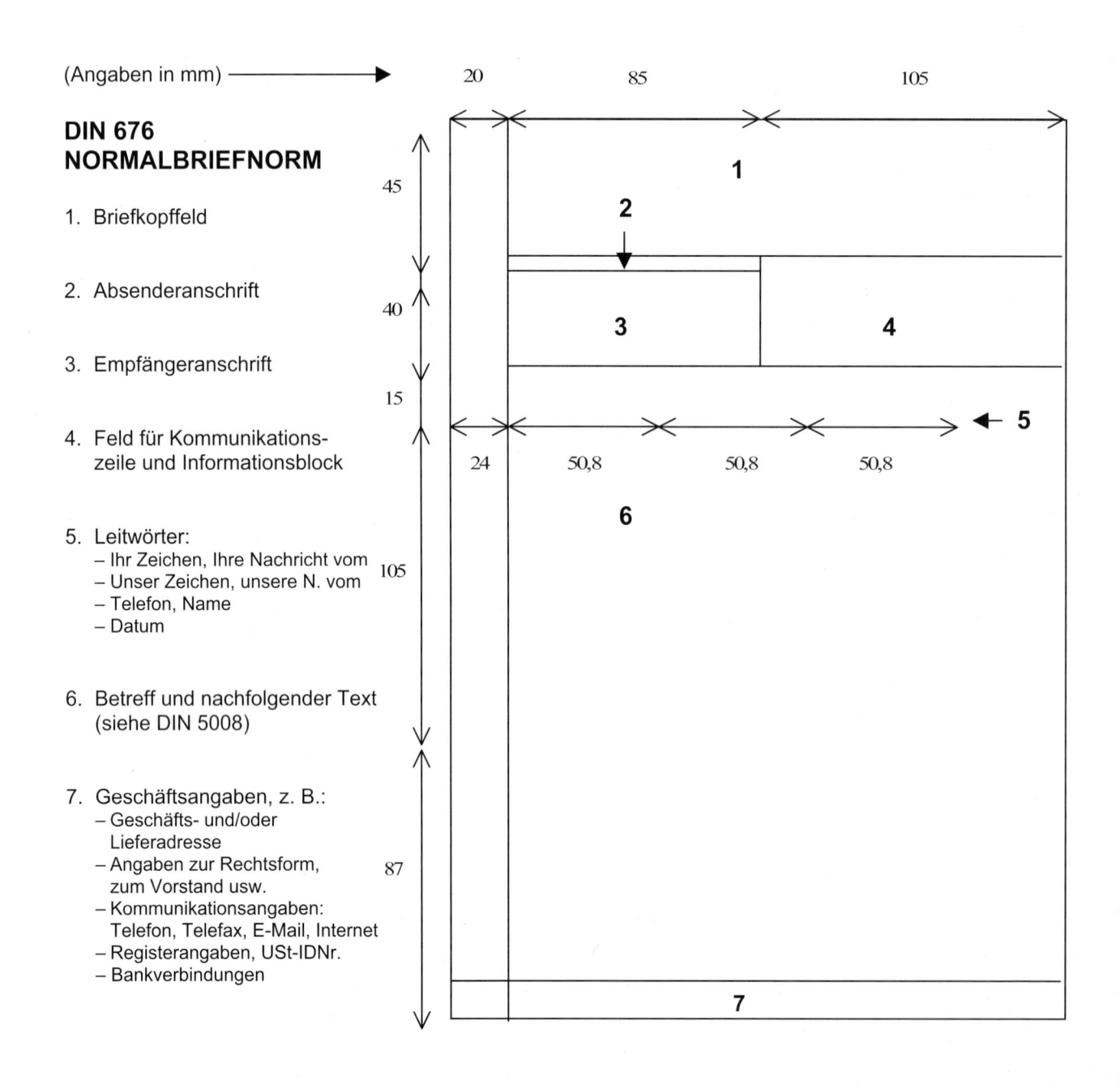

Leitfaden

Anfrage

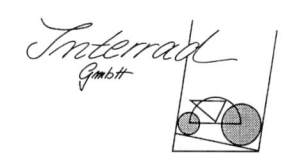

Eine erfolgreiche Verhandlung beginnt schon mit einer zweckmäßig formulierten Anfrage. Sie soll entweder eine neue Geschäftsverbindung anbahnen oder bestehende auf eine andere Grundlage stellen bzw. die Geschäftsverbindung ergänzen.

Auch wenn die Anfrage rechtlich grundsätzlich unverbindlich ist und unser Unternehmen zu keiner Leistung verpflichtet, so muss doch auf eine seriöse Handhabung geachtet werden.

Zu trennen ist zwischen allgemeiner und konkreter (spezieller) Anfrage. Mit der allgemeinen Anfrage wollen wir einen ersten Überblick über das Warenangebot und die Leistungen eines Lieferanten erhalten.

Die Gliederung für die **allgemeine Anfrage** kann folgendermaßen aussehen:

– Mitteilung, wie man auf den Anbieter aufmerksam geworden ist
– Bitte um Informationsmaterial, z. B.: Prospekte, Kataloge, evtl. Preislisten
– Schlussformel, etwa Hinweis auf gewünschte längerfristige Zusammenarbeit

Mit der **konkreten/speziellen Anfrage** wollen wir exakte, möglichst vergleichbare Angebote erreichen. Dies verlangt eine sehr präzise Formulierung. Der Aufbau ist wie folgt:

– Bezug auf bisherige Geschäftsverbindung oder Mitteilung, wie man auf den Anbieter aufmerksam geworden ist
– Bitte um konkretes Angebot, evtl. mit Terminsetzung
– Genaue Angabe der gewünschten Ware: Menge, Qualität, äußere Merkmale (Farbe, Maße)
– Bitte um Angabe der Zahlungs- und Lieferungsbedingungen, Bindung an das Angebot
– Schlussformel

Auf der folgenden Seite erhalten Sie Textbausteine für eine Anfrage. Es sind Vorschläge, die der jeweils konkreten Situation angepasst werden müssen.

Denken Sie immer daran, auch unsere Geschäftsbriefe tragen zum Image, somit zum Erfolg unseres Unternehmens bei.

Textbausteine zur Anfrage

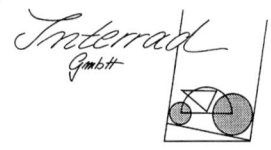

| Anschrift | | Datum |

| In der Betreffzeile steht: | Ihre Anfrage vom ... |

| Anrede |

Anlass für die Anfrage; Bezug; Grund der Anfrage

Auf der Internationalen Fahrradmesse IFMA in Köln haben wir bereits erste Kontakte knüpfen können ...

In der Fachzeitschrift „Das Rad" haben wir Ihre Anzeige für Beleuchtungsanlagen gelesen ...

Ihr Vertreter, Herr M., hat uns bei seinem Besuch am ... auf Ihre Artikel aufmerksam gemacht ...

Seit einigen Jahren beziehen wir bereits Beleuchtungsartikel bei Ihnen. Wir interessieren uns nunmehr auch für Ihre weiteren Fahrradartikel ...

Wir wollen unser Sortiment ergänzen und bitten um Ihr Angebot für ...

Genauere Bezeichnung über die nachgefragten Artikel, Mengenangaben, Farben, Qualität usw.

Für unsere Räder legen wir großen Wert auf Qualitätsware und interessieren uns daher für Ihre Beleuchtungsanlagen. Zur genaueren Beschreibung der notwendigen Artikel verweisen wir auf die in der Anlage beigefügten Artikelbeschreibungen und Prospekte ...

Insbesondere interessieren uns Ihre Schaltgruppen. Die infrage kommenden Schaltungsbausätze können Sie unseren beigefügten Modellbeschreibungen entnehmen ...

Senden Sie uns bitte einen Katalog und eine Preisliste über Ihre Artikel für Fahrräder ...

Wir haben Interesse an Laufrädern der Größe ... mit folgenden Eigenschaften ...

Verkaufsbedingungen abklären

Bitte senden Sie uns ein Angebot bis zum ... mit Ihren Zahlungs- und Lieferungsbedingungen zu.

Teilen Sie uns bitte Ihre Preise, Zahlungs- und Lieferungsbedingungen, Lieferfristen und Gewährleistungsregelungen mit.

Wir produzieren ca. 4 000 Räder monatlich und sind daher insbesondere auch an günstigen Rabattsätzen sowie Ihren genauen Zahlungs- und Lieferbedingungen interessiert ...

Wegen der schwierigeren Konjunkturlage und der damit zusammenhängenden angespannten Marktlage für Qualitätsräder bitten wir Sie um eine Überprüfung Ihrer Zahlungsbedingungen ...

Schlussformel

Wir hoffen auf eine erfolgreiche Zusammenarbeit ...

Bitte senden Sie uns möglichst bald (bis zum ...) Ihr Angebot, damit wir schnell entscheiden können.

Wann könnten Sie gegebenenfalls frühestens liefern? Wir sind sehr an einer Zusammenarbeit interessiert...

Interrad GmbH

Interrad GmbH • Walliser Straße 125 • 28325 Bremen

		Telefon, Name	
Ihr Zeichen, Ihre Nachricht	Unser Zeichen, unsere Nachricht vom	0421 421047-	Datum

---

Geschäftsführer/-in:
Karl Bertram jun.
Regina Woldt

Registereintragungen:
Amtsgericht Bremen
HRB 4621
USt-IdNr. DE 283 355 325

Kommunikation:
Telefon: 0421 421047-0
Fax: 0421 421048
E-Mail: interrad@t-online.de
Internet: http://www.interrad.de

Bankverbindungen:
Die Sparkasse Bremen
Konto-Nr. 1 122 448 800, BLZ 290 501 00
Postbank Hamburg
Konto-Nr. 212 115-201, BLZ 200 100 00

Interrad GmbH

Interrad GmbH • Walliser Straße 125 • 28325 Bremen

| Ihr Zeichen, Ihre Nachricht | Unser Zeichen, unsere Nachricht vom | Telefon, Name 0421 421047- | Datum |

Geschäftsführer/-in:
Karl Bertram jun.
Regina Woldt

Registereintragungen:
Amtsgericht Bremen
HRB 4621
USt-IdNr. DE 283 355 325

Kommunikation:
Telefon: 0421 421047-0
Fax: 0421 421048
E-Mail: interrad@t-online.de
Internet: http://www.interrad.de

Bankverbindungen:
Die Sparkasse Bremen
Konto-Nr. 1 122 448 800, BLZ 290 501 00
Postbank Hamburg
Konto-Nr. 212 115-201, BLZ 200 100 00

Lernfeld Materialwirtschaft

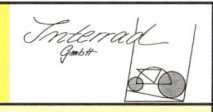

4 Das Angebot
4.1 Ausgewählte Inhalte des Angebots

Arbeitsbogen 7

Situation

Die Interrad GmbH hat aufgrund Ihrer Anfragen Angebote über Pedale erhalten. Neben Stammlieferant ESJOT Antriebstechnik GmbH offeriert erstmals das niederländische Unternehmen „Twentse Fiets Toebehoren B.V." (TFT B.V.).

Arbeitsauftrag

1. Versehen Sie die Eingangsstempel auf den Schreiben der TFT B.V. und der ESJOT GmbH vom 20..-10-17 mit den nötigen Angaben. Führen Sie das Posteingangsbuch.

2. Überprüfen Sie mithilfe der Lieferantenstammkarte der ESJOT GmbH, ob das neue Angebot von ESJOT gegenüber dem alten Änderungen enthält. Aktualisieren Sie gegebenenfalls die Eintragungen.

3. Ergänzen Sie die Lieferantenkartei, indem Sie für die TFT B.V. eine Lieferantenstammkarte mit der Lieferernummer 162001 einrichten. Ergänzen Sie zudem die fehlenden Angaben für TFT B.V. in der Bezugsquellenkartei (Artikelgruppe 8).

4. Klären Sie mithilfe des „Bürgerlichen Gesetzbuches" (§ 145, 147), ob TFT B.V. und ESJOT (altes und neues Angebot!) an ihre Angebote gebunden sind.

5. Klären Sie die folgenden Fragen:

   a) Lieferer gewähren ihren Kunden oft Preisnachlässe in Form von Rabatt, Bonus und Skonto. Erläutern Sie den Unterschied zwischen diesen drei Arten.

   b) Um welche Rabattart handelt es sich in beiden Angeboten? Nennen Sie drei weitere Rabattarten.

   c) Nennen Sie je einen Vorteil für Käufer und Verkäufer bei Skontogewährung.

   d) Erläutern Sie die in der Lieferantenstammkarte genannten Lieferbedingungen über die Beförderungskosten (Frankaturvorschriften).

   e) Klären Sie, ob die gesetzlichen Regelungen der Lieferzeit und der Transport- bzw. Versandkosten (§§ 271/448 BGB) für die Angebote von ESJOT GmbH und TFT B.V. gelten oder ob andere vertragliche Klauseln vorgesehen sind.

6. Erläutern Sie die Funktion der Lieferantenkartei und der Bezugsquellenkartei.

Anlagen/Arbeitsunterlagen

Angebote der ESJOT GmbH und der TFT B.V.
Posteingangsbuch der Interrad GmbH – siehe Anhang
Lieferantenstammkarte „ESJOT" – Seite 42
Lieferantenstammkarte „TFT B.V." – Seite 43
Auszug Bezugsquellenkartei* – siehe Seite 26
BGB-Auszug – siehe Anhang

ESJOT

und kein Rad steht still

ESJOT Antriebstechnik GmbH • Oesterweg 24 • 59469 Ense

Interrad GmbH
Walliser Straße 125

28325 Bremen

OESTERWEG 24
D-59469 ENSE-HÖINGEN

Telefon: 02938 9751-0
Telefax: 02938 9751-23
E-mail: info@esjot.com
Internet: http://www.esjot.com

Ihr Zeichen	Ihre Nachricht vom	Unser Zeichen	Datum
ek-me	..-10-08	vk-tr	20..-10-15

Ihre Anfrage

Sehr geehrte Damen und Herren,

wir danken für Ihre Anfrage. Trotz gestiegener Kosten können wir Ihnen die gewünschten Pedale weiterhin zu den Preisen unseres Angebotes vom 20..-07-11 anbieten.

Aufgrund der starken Nachfrage müssen Sie jedoch mit einer Lieferzeit von 2 Wochen rechnen. Das Angebot ist als freibleibend zu betrachten. Alle anderen Bedingungen gelten unverändert.

Wir freuen uns auf weiterhin gute Geschäftsbeziehungen.

Mit freundlichen Grüßen

SJOT Antriebstechnik GmbH

i. A. *H. Brieger*

Heidi Brieger

Eingang:	
Namenszeichen:	
Weiterreichen an:	

Bankverbindungen:
Sparkasse Werl   Konto-Nr. 3 002 730, BLZ 414 517 50
Deutsche Bank AG, Filiale Werl   Konto-Nr. 6 839 880, BLZ 416 700 30
Volksbank Ense eG   Konto-Nr. 5 033 333, BLZ 414 619 00

Geschäftsführer: Frank Schröder
eingetragen beim
Amtsgericht Werl, HRB 1582

TFT Twentse Fiets Toebehoren B. V. **TFT**

Twentse Fiets Toebehoren, Sportlaan 8, 7552 Hengelo, Niederlande

Interrad GmbH
Walliser Straße 125

28325 Bremen

Eingang:	
Namenszeichen:	
Weiterreichen an:	

Ihr Zeichen	Ihre Nachricht	Unser Zeichen	Telefon, Name 074-453333	Datum
ek/--	..-10-08	vk/--	31 Cees Schrijvers	20..-10-16

Angebot über Pedale für Ihre Fahrradmodelle

Sehr geehrte Damen und Herren,

wir danken Ihnen für Ihr Interesse an unseren Produkten. Speziell für Ihre Fahrräder können wir nachstehendes Angebot vorlegen, wobei die Lieferung zu 10 Paar je Karton erfolgt:

Pedale „stad", Alu, mit Reflektor für Ihr Stadtrad	je Paar 12,50 Euro	1 VE = 3,0 kg
Pedale, MTB-Alu, Cr-Mo-Achse, für Mountainbikes	je Paar 10,90 Euro	1 VE = 4,0 kg
Pedale „renbaan", Alu-Rennpedale mit Pedalhaken	je Paar 15,80 Euro	1 VE = 4,5 kg

Abhängig von der bestellten Menge bieten wir folgende Rabattstaffelung:

    ab 1 000 Stück – 4 %
    ab 2 000 Stück – 7 %
    ab 4 000 Stück – 10 %

Für Verpackungs- und Transportkosten berechnen wir je angefangene 1 000 Stück 15,00 Euro.

Unsere Zahlungsbedingungen: 3 % Skonto bei Zahlung innerhalb von 14 Tagen oder 30 Tage netto Kasse.

Bis zur vollständigen Bezahlung bleibt die gelieferte Ware unser Eigentum. Unser Angebot gilt bis zum kommenden Jahresende. Gemäß Absprache gelten die kaufvertraglichen Regelungen des deutschen Rechts.

Mit freundlichen Grüßen

Twents Fiets Toebehoren

C. Schrijvers

Cees Schrijvers

Sitz der Gesellschaft: Hengelo NL
Geschäftsführer: Dr. Wim van Arle

USt-IDNr: NL 755 405 622

Telefon: 074 453333
Telefax: 074 453334
E-Mail: tfttwentse@gmx.nl
Internet: http://www.tftfiets.nl

Amrobank 46 03 09 800
Giro v. d. Bank 8042 07

Lieferantenstammkarte

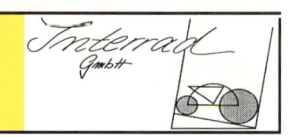

Stammdaten

Name:	ESJOT Antriebstechnik GmbH	Lieferernummer:	44 05 02
Straße:	Osterweg 24	Vorwahl:	2938
Postleitzahl:	59469	Rufnummer:	9751-0
Ort:	Ense	Fax:	9751-23
Bank:	Deutsche Bank AG	Bearbeiter/-in:	Frau Brieger
Bankleitzahl:	416 700 30	Angebot vom:	20..-10-13
Konto-Nr.:	6 839 880	Bindung:	ja, § 145 BGB

Rabattstaffel

%	WERT/STÜCK
5,00 %	20.000,00 €
15,00 %	40.000,00 €

Zahlungsbedingungen

	%	Tage
Skonto:	3,00 %	10
Zahlungsziel:		30

Lieferbedingungen

Frankatur:	ab Werk
Versandart:	Sammelladung
Tarif:	pauschal 1 % vom Listenpreis
Entfernungszone:	06
Verpackungskosten:	keine
Lieferzeit:	innerhalb von 8 Tagen

Lieferprogramm

Lfd.-Nr.	Artikel-Nr.	Artikelbezeichnung	Einzelpreis	PE	KG/VE	Anzahl pro VE
1		Pedale (Paar), ESJOT Super Record, Typ 1	11,50 €	1	3,000	10
2		Pedale (Paar), MTB-Alu, Cr-Mo, Typ 2	10,40 €	1	4,000	10
3		Pedale (Paar), Alu-Rennpedale, Typ 3	16,20 €	1	4,500	10
4		Tretlager, Standard, Typ 1	46,10 €	1	6,500	5
5		Tretlager, Alukurbel MTB, Typ 2	62,50 €	1	7,000	5
6		Tretlager, Biopace, Superglide, Typ 3	72,00 €	1	6,000	5

PE = PREISEINHEIT • VE = VERPACKUNGSEINHEIT	UMSATZSTEUERSATZ:

Lieferantenstammkarte

Stammdaten

Name:	Lieferernummer:
Straße:	Vorwahl:
Postleitzahl:	Rufnummer:
Ort:	Fax:
Bank:	Bearbeiter/-in:
Bankleitzahl:	Angebot vom:
Konto-Nr.:	Bindung:

Rabattstaffel

	%	WERT/STÜCK

Zahlungsbedingungen

	%	Tage
Skonto:		
Zahlungsziel:		

Lieferbedingungen

Frankatur:	
Versandart:	
Tarif:	
Entfernungszone:	
Verpackungskosten:	
Lieferzeit:	

Lieferprogramm

Lfd.-Nr.	Artikel-Nr.	Artikelbezeichnung	Einzelpreis	PE	KG/VE	Anzahl pro VE

PE = PREISEINHEIT • VE = VERPACKUNGSEINHEIT   UMSATZSTEUERSATZ:

Lernfeld Materialwirtschaft

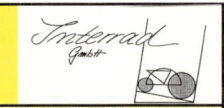

4 Das Angebot
4.2 Angebotsvergleich – einfache Bezugskalkulation

Arbeitsbogen 8

Situation

Für die beiden Angebote der „ESJOT GmbH & Co. KG" und der „Twentse Fiets Toebehoren B.V." (TFT B.V.) über Pedale soll ein Angebotsvergleich durchgeführt werden.

Den Anfragen entsprechend liegt den Angeboten eine durchschnittliche Bedarfsmenge von 12 000 Fahrrädern pro Quartal zugrunde. Sie verteilen sich auf die Typen 1 (Stadtrad), 2 (Mountainbike) und 3 (Rennrad) im Verhältnis 3 : 2 : 1.

Wegen beschränkter Lagerkapazität und um die Lagerkosten zu mindern, bezieht die Interrad GmbH die Bedarfsmenge **zurzeit** in drei gleich großen Teilmengen! Die Interrad GmbH kalkuliert zunächst jeden Artikel einzeln und führt anschließend eine Gesamtkalkulation für das komplette Angebot durch. Für das ältere Angebot der ESJOT GmbH & Co. KG liegt bereits eine Bezugskalkulation vor, die die Vorgaben über Bedarfs- und Bestellmenge berücksichtigt. Es werden nur vollständige Kartons geliefert, gegebenenfalls muss deshalb die Bestellmenge aufgerundet werden!

Arbeitsauftrag

1. Schätzen Sie ein, welches Angebot günstiger ist. Begründen Sie Ihre Antwort.

2. Führen Sie für das Angebot von TFT B.V. eine Bezugskalkulation durch. Orientieren Sie sich an der bereits vorliegenden Kalkulation der ESJOT GmbH & Co. KG.

   a) Tragen Sie alle Daten des Angebots der TFT B.V. in das Formular „Bezugskalkulation" der Interrad GmbH ein.

   b) Übernehmen Sie aus der Bezugskalkulation ESJOT alle Angaben zur Bedarfs- und Bestellmenge.

   c) Bestimmen Sie den Rabattsatz für die bestellte Menge.

   d) Berechnen Sie für das Angebot der TFT B.V. den Listenpreis (Gesamtpreis), den Rabatt- und Skontobetrag sowie die Höhe der Transportkosten. Tragen Sie die ermittelten Werte in den Ausgabebereich des Formulars „Bezugskalkulation" ein.

   e) Ermitteln Sie abschließend den „Bezugspreis" und den „Bezugspreis pro Stück". Tragen Sie diese Werte gleichfalls in das Formular Bezugskalkulation ein.

3. Vergleichen Sie die Bezugspreise pro Stück und die sonstigen Lieferbedingungen von ESJOT und der TFT B.V. Begründen Sie, welcher Lieferant günstiger erscheint.

Anlagen/Arbeitsunterlagen

Lieferantenstammkarte der TFT B.V. * – Seite 43
Formular Bezugskalkulation der Interrad GmbH, blanko
Formular Bezugskalkulation für die ESJOT GmbH & Co. KG (Pedale)

Einfache Bezugskalkulation

Eingabebereich

Lieferer				Datum	
Artikelgruppe					
Rabattstaffel	STÜCK	%	Stück	%	Stück
Skonto					
Frankatur		1 = ab Werk – 4 = frei Haus			
Transportkosten (Frachtsatz €)		€			
Transportkosten (Mengeneinheit)		Stück			

	Artikel 1	Artikel 2	Artikel 3	Artikel 4	Artikel 5	Zusammen
Artikelbezeichnung	Pedale Typ 1	Pedale Typ 2	Pedale Typ 3			
Listenpreis – Einzelpreis (Paar)						
Preiseinheit (PE) Paar						
Bedarfsmenge in Stück						
Anzahl der Bestellungen						
Anzahl pro Verpackungseinheit (VE)						
Sonstige Bezugskosten						0

Ausgabebereich

Menge – Gewicht – Rabatt

	Artikel 1	Artikel 2	Artikel 3	Artikel 4	Artikel 5	Zusammen
SOLL-Bestellmenge in Stück						
IST-Bestellmenge in Stück						
Anzahl VE (Karton)						
Rabattsatz						

Bezugskalkulation

	Artikel 1	Artikel 2	Artikel 3	Artikel 4	Artikel 5	Zusammen
Listenpreis (Gesamtpreis)						
Rabattbetrag						
Zieleinkaufspreis						
Skonto						
Bareinkaufspreis						
Transportkosten						
Sonstige Bezugskosten						
Bezugspreis						
Bezugspreis pro Stück						

Einfache Bezugskalkulation

Eingabebereich						
Lieferer	ESJOT Antriebstechnik GmbH				Datum	20..-10-13
Artikelgruppe	Pedale					
Rabattstaffel	WERT	20.000,00 €	5,00 %	40.000,00 €	15,00 %	
Skonto		3,00 %				
Frankatur		1	1 = ab Werk - 4 = frei Haus			
Transportkosten (%-Satz vom Listenpreis)		1,00 %				

	Artikel 1	Artikel 2	Artikel 3	Artikel 4	Artikel 5	Zusammen
Artikelbezeichnung	Pedale Typ 1	Pedale Typ 2	Pedale Typ 3			Pedale
Listenpreis – Einzelpreis (Paar)	11,50 €	10,40 €	16,20 €			
Preiseinheit (PE) Paar	1	1	1			
Bedarfsmenge in Stück	6 000	4 000	2 000			12 000
Anzahl der Bestellungen	3	3	3			
Anzahl pro Verpackungseinheit (VE)	10	10	10			
Sonstige Bezugskosten	0,00 €	0,00 €	0,00 €			0,00 €

Ausgabebereich						
Menge – Gewicht – Rabatt	Artikel 1	Artikel 2	Artikel 3	Artikel 4	Artikel 5	Zusammen
SOLL-Bestellmenge in Stück	2 000	1 334	667			4 001
IST-Bestellmenge in Stück	2 000	1 340	670			4 010
Anzahl VE (Karton)	200	134	67			401
Rabattsatz	5,00 %	0,00 %	0,00 %			15,00 %

Bezugskalkulation	Artikel 1	Artikel 2	Artikel 3	Artikel 4	Artikel 5	Zusammen
Listenpreis (Gesamtpreis)	23.000,00 €	13.936,00 €	10.854,00 €			47.790,00 €
Rabattbetrag	1.150,00 €	0,00 €	0,00 €			7.168,50 €
Zieleinkaufspreis	21.850,00 €	13.936,00 €	10.854,00 €			40.621,50 €
Skonto	655,50 €	418,08 €	325,62 €			1.218,65 €
Transportkosten	230,00 €	139,36 €	108,54 €			477,90 €
Sonstige Bezugskosten	0,00 €	0,00 €	0,00 €			0,00 €
Bezugspreis	21.424,50 €	13657,28 €	10.636,92 €			39.880,75 €
Bezugspreis pro Stück	10,71 €	10,19 €	15,88 €			

Lernfeld Materialwirtschaft

4 Das Angebot
4.3 Exkurs: Angebotsvergleich – komplexe Bezugskalkulation

Arbeitsbogen 9

Situation

Die Interrad GmbH erhält gemäß Absprache auf der IFMA in Köln ein weiteres Angebot über Pedale von dem Kugellagerhersteller SRAM Deutschland GmbH aus Schweinfurt. Das Unternehmen verfügt aufgrund der hohen Qualität seiner Produkte über einen ausgezeichneten Ruf als Markenhersteller von Fahrradzubehörteilen. Kurze Lieferzeiten werden durch das computergestützte Logistiksystem FAST garantiert. Die SRAM Deutschland GmbH übernimmt die Abwicklung und Abrechnung mit dem Spediteur und stellt die Original-Haus-Haus-Tarife der ABX Logistics/Bahntrans GmbH in Rechnung.

Arbeitsauftrag

1. Führen Sie das Posteingangsbuch weiter.

2. Ergänzen Sie die Bezugsquellenkartei, und legen Sie mit der Lieferer-Nr. 160601 eine Lieferantenstammkarte an.

3. Führen Sie für die SRAM Deutschland GmbH eine Bezugskalkulation durch. Übernehmen Sie aus der Bezugskalkulation der ESJOT die Daten zur Bedarfs- und Bestellmenge. Kalkulationsgrundlage ist ein Paar. Verwenden Sie das Formular Bezugskalkulation der Interrad GmbH.

   a) Es werden nur vollständige Kartons geliefert; gegebenenfalls muss deshalb die Bestellmenge aufgerundet werden. Tragen Sie die entsprechenden Mengen in den Ausgabebereich „Menge – Gewicht – Rabatt" ein.

   b) Führen Sie die Bezugskalkulation durch. Ermitteln Sie dabei die Bezugskosten (Transportkosten und Speditionsversicherung) mithilfe des Leitfadens zur Berechnung der Bezugskosten.

4. Sammeln Sie Argumente, die für und die gegen den Lieferanten SRAM Deutschland GmbH sprechen.

Anlagen/Arbeitsunterlagen

Posteingangsbuch – siehe Anhang
Angebot der SRAM Deutschland GmbH über Pedale
Auszug Bezugsquellenkartei der Interrad GmbH – Seite 26
Lieferantenstammkarte blanko
Leitfaden zur Berechnung der Bezugskosten – siehe Anhang
Preisliste Bahntrans Fracht – siehe Anhang
All-Risks-Versicherung (Speditionsversicherung) – siehe Anhang
Formular Bezugskalkulation der Interrad GmbH

SRAM DEUTSCHLAND GMBH

SRAM • Postfach 12 40 • 97402 Schweinfurt

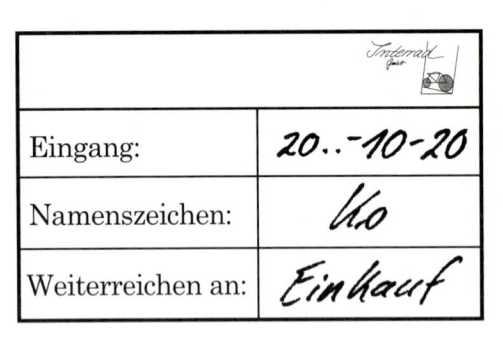

SACHS

Interrad GmbH
Walliser Straße 125

28325 Bremen

Eingang:	20..-10-20
Namenszeichen:	Ko
Weiterreichen an:	Einkauf

**97424 Schweinfurt
Ernst-Sachs-Straße 62**

Telefon: 0972 981-0
Fax: 0972 981-12
E-Mail: sachs@aol.com
Internet: http://www.sachs.com

Ihr Zeichen/Ihre Nachricht	Unser Zeichen	Hausruf/Name	Datum
ek-.., ..-10-08	vk-ba	981-51 Herr Bachmann	20..-10-18

Angebot

Sehr geehrte Damen und Herren,

gerne knüpfen wir an unsere Gespräche auf der letzten IFMA in Köln an und unterbreiten Ihnen das folgende Angebot über Pedale:

Artikelbezeichnung	Preis/Paar	Gewicht/VE
Pedale, Alu mit Reflektor für City und Tourenräder	12,50 €	10,500
Pedale, MTB-Alu Cr-Mo-Achse, integrierte Rückstrahler	11,10 €	10,200
Pedale mit Rennhaken-System	17,20 €	13,100

Die Pedale sind paarweise in Folie eingeschweißt. Die Verpackungseinheit (VE) beträgt 32 Paare pro Versandkarton. Es gilt die folgende Rabattstaffel:

    ab   10.000,00 € pro Bestellung   5 %
    ab   35.000,00 € pro Bestellung   10 %
    ab   62.500,00 € pro Bestellung   15 %

Die Lieferung erfolgt ab Werk durch die Spedition Bahntrans GmbH. Bei Zahlung innerhalb von 14 Tagen gewähren wir 2 % Skonto, das Zahlungsziel beträgt 30 Tage. Die Ware bleibt bis zur vollständigen Bezahlung unser Eigentum. Erfüllungsort und Gerichtsstand für Lieferung und Zahlung ist Schweinfurt. Bei Teilnahme an unserem Logistiksystem FAST garantieren wir die Lieferung 3 Tage nach Auftragseingang.

Mit freundlichen Grüßen

SRAM Deutschland GmbH

Bachmann

i. A. Bachmann

SRAM Deutschland GmbH
Ernst-Sachs-Straße 62
97424 Schweinfurt
Amtsgericht Schweinfurt · HRB 615
USt-IDNr. DE 551 453 005

Banken:
Landeszentralbank Konto-Nr. 79 306 400, BLZ 793 000 00
Bayerische Vereinsbank Konto-Nr. 2 335 566 223, BLZ 793 200 7
Dresdner Bank Konto-Nr. 667 910, BLZ 973 800 51
Postbank Frankfurt Konto-Nr. 8 633 601, BLZ 500 100 60

Lieferantenstammkarte

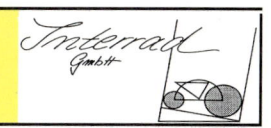

Stammdaten

Name:	Lieferernummer:
Straße:	Vorwahl:
Postleitzahl:	Rufnummer:
Ort:	Fax:
Bank:	Bearbeiter/-in:
Bankleitzahl:	Angebot vom:
Konto-Nr.:	Bindung:

Rabattstaffel

	%	WERT/STÜCK

Zahlungsbedingungen

	%	Tage
Skonto:		
Zahlungsziel:		

Lieferbedingungen

Frankatur:	
Versandart:	
Tarif:	
Entfernungszone:	
Verpackungskosten:	
Lieferzeit:	

Lieferprogramm

Lfd.-Nr.	Artikel-Nr.	Artikelbezeichnung	Einzelpreis	PE	KG/VE	Anzahl pro VE

PE = PREISEINHEIT • VE = VERPACKUNGSEINHEIT   UMSATZSTEUERSATZ:

Bezugskalkulation

Eingabebereich

Lieferer			Artikelgruppe		Datum	
Rabattstaffel	WERT	€		%		€	%
Skonto						
Frankatur	1 = ab Werk – 4 = frei Haus					
Postleitzahl Absender						
Entfernungszone						

	Artikel 1	Artikel 2	Artikel 3	Artikel 4	Artikel 5	Zusammen
Artikelbezeichnung						
Listenpreis						
Preiseinheit (PE)						
Bedarfsmenge in Stück						
Anzahl der Bestellungen						
Anzahl pro Verpackungseinheit (VE)						
Gewicht pro VE in kg						
Sonstige Bezugskosten						

Ausgabebereich

Menge – Gewicht – Rabatt	Artikel 1	Artikel 2	Artikel 3	Artikel 4	Artikel 5	Zusammen
SOLL-Bestellmenge in Stück						
IST-Bestellmenge in Stück						
Anzahl VE (Karton)						
Gesamtgewicht in kg						
Rabattsatz						

Bezugskalkulation	Artikel 1	Artikel 2	Artikel 3	Artikel 4	Artikel 5	Zusammen
Listenpreis (Gesamtpreis)						
Rabattbetrag						
Zieleinkaufspreis						
Skonto						
Bareinkaufspreis						
Transportkosten (Haus-Haus-Tarif)						
Speditionsversicherung (SLVS)						
Sonstige Bezugskosten						
Bezugspreis						
Bezugspreis pro Stück						

Lernfeld Materialwirtschaft

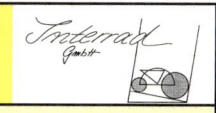

4 Das Angebot
4.4 Exkurs: Lieferantenbewertung

Arbeitsbogen 10

Situation

Um den preisgünstigsten Lieferanten für die Pedale zu ermitteln, wurde eine Bezugskalkulation für die vorliegenden Angebote durchgeführt und der Bezugspreis pro Stück errechnet. Für eine endgültige Entscheidung müssen aber weitere Auswahlmerkmale herangezogen werden. Zu diesem Zweck benutzt die Interrad GmbH ein Schema zur Lieferantenbewertung. Zur Erläuterung und Handhabung dieser Lieferantenbewertung hat die Geschäftsleitung eine Arbeitsanweisung erstellt.

Arbeitsauftrag

Bearbeiten Sie u. a. mithilfe dieser Arbeitsanweisung die folgenden Aufgaben:

1. Welchem Zweck dient die Lieferantenbewertung?

2. Warum haben die Bewertungskriterien unterschiedliche Gewichtungskennzahlen erhalten?

3. Warum verlangt die Interrad GmbH eine Mindestpunktzahl von 4 bei den Gewichtungskennzahlen?

4. Begründen Sie aufgrund der Bezugskalkulation für die drei Unternehmen ESJOT, TFT und SRAM, welche Gewichtungskennzahl sie für das Bewertungskriterium „Bezugspreis" erhalten sollen. Tragen Sie die Punkte in das Formular ein.

5. Da für die Bewertungskriterien Termindisziplin, Vertragsabwicklung und Lieferflexibilität noch keine Erfahrungen bzw. Kenntnisse für TFT und SRAM vorliegen, erhalten sie vorläufig die Bewertung des Stammlieferanten ESJOT. Tragen Sie die folgenden Punktzahlen ein: Termindisziplin = 8, Vertragsabwicklung = 5, Lieferflexibilität = 6 Punkte.

6. Vergeben Sie aufgrund der mündlichen Erläuterungen des Abteilungsleiters Aykoc zur Produktqualität die Gewichtungspunkte. Tragen Sie die Punkte in das Formular zur Lieferantenbewertung ein.

Unsere Bewertung zur Produktqualität beruht auf eigenen Untersuchungen, aber auch auf einem relativ neuen Test der Stiftung Warentest sowie auf Analysen verschiedener Fachzeitschriften. Kurz zusammengefasst: Alle drei Firmen nehmen sich nicht viel, sie bieten qualitativ hochwertige Pedale. Alle sind Produkte mit guter Haltbarkeit, erfüllen die Fahrradsicherheitsnorm DIN 79100, genügen natürlich der StVZO. Unterschiede gibt es im Material selbst, das haben wir in der Umweltqualität berücksichtigt. In der technischen Handhabung sind die Pedale gleichfalls gleichwertig. Bei der Umweltqualität schneidet TFT dagegen ungünstiger ab. Deren Pedale enthalten einen hohen Anteil von schwer wieder verwertbaren Kunststoffanteilen, wie es in den Beneluxländern allerdings zurzeit noch üblich ist. ESJOT und SRAM entsprechen sich im Material; dieses ist recyclingfähig und daher umweltpolitisch vorteilhafter. Einzelheiten will ich uns jetzt ersparen, Sie können sie der beigefügten Analyse entnehmen.

7. Zu dem Kriterium Marktakzeptanz äußert sich der Leiter der Absatzabteilung, Herr Hahn. Vergeben Sie gleichfalls Gewichtungspunkte und tragen Sie diese ein.

Lernfeld Materialwirtschaft

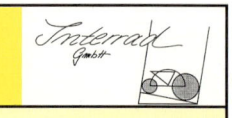

4 Das Angebot
4.4 Exkurs: Lieferantenbewertung

Arbeitsbogen 10

Von der Absatzseite aus schauen wir natürlich zuerst auf die Marktakzeptanz. Auch wenn das bei den Pedalen nicht ganz so wichtig ist, wie z. B. bei den Schaltungen, wo ja viele Kunden unbedingt Shimamo-Produkte haben wollen. Also, ESJOT ist ein in Deutschland eingeführtes Unternehmen mit guter Akzeptanz, während TFT in Deutschland wenig bekannt ist. Sie hat ihren Absatzmarkt vor allem in den Beneluxländern und in Frankreich und versucht erst in letzter Zeit so richtig in Deutschland Fuß zu fassen. Die Pedale von SRAM gelten im Kundenansehen, aber auch in Fachkreisen, als das Beste auf dem Fahrradmarkt und sind daher auch am meisten akzeptiert.

8. Ermitteln Sie für die drei Unternehmen die Summe der Gewichtungskennzahlen. Entscheiden Sie sich anschließend für den günstigsten Lieferanten.

9. Tragen Sie die drei beteiligten Abteilungen in das Schaubild zur Lieferantenbewertung ein. Ordnen Sie dann die sechs Bewertungskriterien diesen Abteilungen zu.

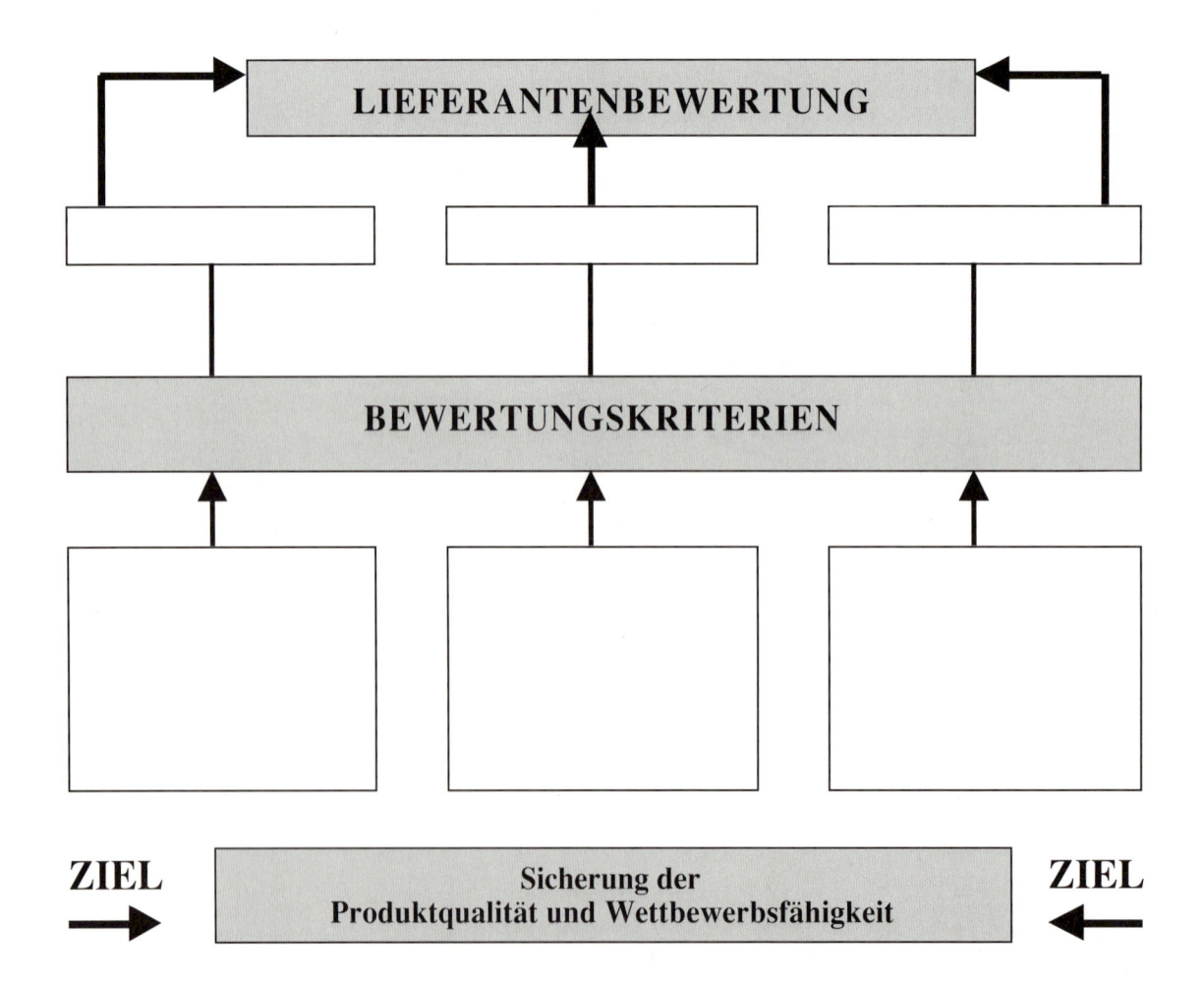

LIEFERANTENBEWERTUNG

BEWERTUNGSKRITERIEN

ZIEL → **Sicherung der Produktqualität und Wettbewerbsfähigkeit** ← ZIEL

Anlagen/Arbeitsunterlagen

Arbeitsanweisung zur Lieferantenbewertung
Formular „Lieferantenbewertung"
Bezugskalkulationen für ESJOT, TFT, SRAM* – Seite 45, 46, 50

Leitfaden

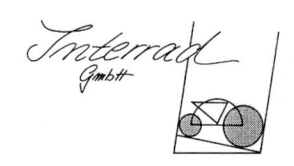

Lieferantenbewertung

Eine wesentliche Voraussetzung unserer erfolgreichen Arbeit ist der günstige Einkauf der Fertig- bzw. Fremdbauteile. Grundlage für die Auswahl des günstigsten Lieferanten ist ein Schema zur Lieferantenbewertung, das in Zusammenarbeit mit der Organisationsabteilung von der Geschäftsleitung festgelegt worden ist. Da diese Bewertungskriterien für die Interrad GmbH von unterschiedlicher Wichtigkeit sind, ist eine Gewichtung mithilfe von Kennzahlen vorgenommen worden. Die höchste Gewichtungskennzahl hat z. B. der Bezugspreis mit 10, die niedrigste Kennzahl die Vertragsabwicklung mit 6 Punkten. Die Mindestkennzahl muss für jedes Bewertungsmerkmal 4 sein, Lieferanten mit geringerer Bewertung in auch nur einem Kriterium werden nicht berücksichtigt!

Die Lieferantenbewertung wird von Mitarbeitern/Mitarbeiterinnen der drei Abteilungen Logistik, Absatz und Produktion vorgenommen. Die Abteilungsleiter/-innen müssen an diesem Bewertungsgespräch teilnehmen, sie können Fachkräfte aus ihrer Abteilung hinzuziehen. Die Leitung des Gesprächs liegt bei der Geschäftsleitung oder in derem Auftrag bei der Abteilungsleitung Logistik.

Einige der sechs Bewertungskriterien sind selbsterklärend, andere sollen hier kurz erläutert werden:

Marktakzeptanz meint die Bedeutung, den Bekanntheitsgrad, den Ruf eines Unternehmens in Bezug auf den zu verkaufenden Artikel für die Fahrradbranche und für den Verbraucher.

Lieferflexibilität erfasst die Fähigkeit des Lieferers, sich auf veränderte Lieferwünsche unseres Unternehmens einstellen zu können. Diese können infolge notwendiger Anpassungen auf Marktveränderungen – aber auch z. B. wegen nicht einkalkulierter Großaufträge – erforderlich werden.

Vertragsabwicklung berücksichtigt nicht nur die Entwicklung bis zum Vertrag, sondern auch die Reaktion bei Beanstandungen, die Kommunikation und -möglichkeiten (-systeme) zwischen unserem Unternehmen und dem Lieferanten.

Zuständigkeiten der Abteilungen für die Bewertung:

- Logistik: Bezugspreis, Termindisziplin, Vertragsabwicklung, Lieferflexibilität
- Produktion: Produktqualität (schließt Umweltqualität ein!)
- Absatz: Marktakzeptanz

Verfahren:

Die Abteilungsvertreter schlagen die Gewichtungskennzahl vor, die anderen können ergänzende oder korrigierende Vorschläge einbringen. Im Zweifelsfall entscheidet der jeweilige Abteilungsleiter über die Kennzahl. Die Ergebnisse dieser Bewertungsverfahren sind Entscheidungsgrundlage für den auszuwählenden Lieferanten.

Lieferantenbewertung

Artikelgruppe:

Bewertungskriterien	Gewichtungskennzahl (max. 10 / mind. 4 Punkte)	Lieferanten					
Bezugspreis	10						
Produktqualität	10						
Termindisziplin	10						
Lieferflexibilität	8						
Marktakzeptanz	8						
Vertragsabwicklung	6						
Summe	52						
Entscheidung:							

Es können nur Lieferanten berücksichtigt werden, die bei allen Bewertungskriterien mindestens 4 Punkte erreicht haben!

Lernfeld Materialwirtschaft

5 Die Bestellung

Arbeitsbogen 11

Situation

Für die Sicherung der Produktionsbereitschaft bevorratet das Materiallager die erforderlichen Artikel. Zur Kontrolle der Zu- und Abgänge werden dort Lagerkarten geführt. Unterschreitet ein Artikelbestand eine bestimmte Signalzahl (Meldebestand), informiert das Materiallager den Einkauf mit einer Pendelkarte, dass neu bestellt werden muss.

Der Einkauf hat vom Materiallager die Pendelkarte für Pedale des Stadtrades erhalten.

Arbeitsauftrag

1. Für den Bestellvorgang wird zunächst eine fortlaufende Bestellnummer vergeben. Nehmen Sie die Eintragung im Bestellbuch (Datum: 20..-11-01) vor.

2. Schreiben Sie eine Bestellung (Datum: 20..-11-01/44. KW) für die angeforderten Pedale an den günstigsten Lieferer. Legen Sie die auf der Lieferantenstammkarte genannten Konditionen zugrunde. Entnehmen Sie die Bestellmenge der Pendelkarte für Typ 1.

   Bestellen Sie gleichzeitig 1 340 Paar Pedale für Typ 2 sowie 670 Paar Pedale für Typ 3 und tragen Sie beide Positionen im Bestellbuch und Bestellvordruck ein. Fordern Sie unter Bemerkungen eine Auftragsbestätigung an.

3. Führen Sie das Postausgangsbuch weiter.

4. Informieren Sie das Materiallager über die Bestellung, indem Sie die entsprechenden Eintragungen auf der rechten Seite der Pendelkarte vornehmen.

5. Welche Aufgabe hat die Pendelkarte bei der Interrad GmbH?

6. Warum verwendet die Interrad GmbH einen Vordruck für die Bestellung?

7. Warum ist es sinnvoll, eine Auftragsbestätigung zu verlangen?

8. Begründen Sie, warum ein Bestellbuch geführt wird.

9. Erläutern Sie, ob die Bestellung der Interrad GmbH rechtswirksam ist.

10. Ein Kaufvertrag kommt durch Antrag und Annahme zustande. Benennen Sie die rechtsverbindlichen Schritte, die im vorliegenden Fall zu einem Kaufvertrag zwischen der Interrad GmbH und dem Lieferer führen.

11. Notieren Sie anhand des § 433 BGB die Pflichten, die sich aus dem Kaufvertrag für Verkäufer und Käufer ergeben.

Lernfeld Materialwirtschaft

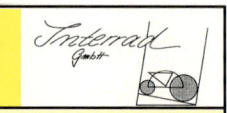

5 Die Bestellung

Arbeitsbogen 11

12. Kennzeichnen Sie in den folgenden Fällen, welcher Vertragspartner den Antrag stellt und welcher annimmt. Kreuzen Sie an, ob ein Kaufvertrag zustande gekommen ist.

Beispiel: Aufgrund eines verbindlichen Angebotes bestellt die Interrad GmbH verschiedene Schaltungen zu den im Angebot genannten Bedingungen. Die Lieferung erfolgt termingemäß.

INTERRAD ←—— Antrag (Angebot) —— VERKÄUFER
INTERRAD —— Annahme (Bestellung) ——→ VERKÄUFER

Kaufvertrag	
Ja	Nein
X	

a) Auf der IFMA in Köln unterbreitet der Geschäftsführer der Weinmann GmbH aus Singen der Einkaufsleiterin der Interrad GmbH, Frau Martens, ein mündliches Angebot über Laufräder. Frau Martens bestellt sofort 5 000 Laufräder für das MTB.

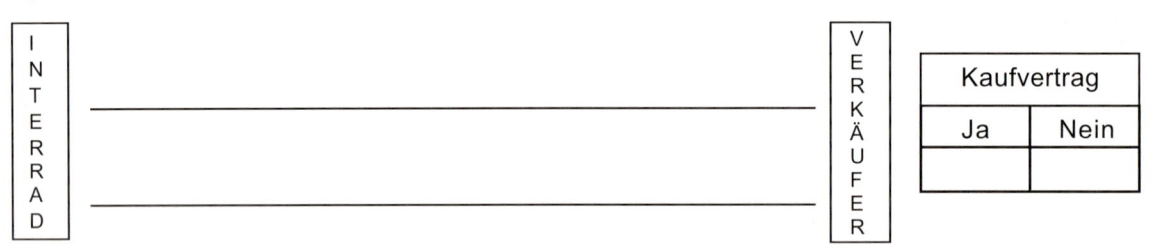

Kaufvertrag	
Ja	Nein

b) Aufgrund einer Anzeige in der Fachzeitschrift „bike" bestellt die Interrad GmbH zur Erprobung 5 Fahrradcomputer. Der Lieferer bestätigt den Auftrag

Kaufvertrag	
Ja	Nein

c) Die ULO-Werke bieten schriftlich eine komplette Lichtanlage für das Rennrad zu einem Sonderpreis bis zum 15. Oktober an. Die Interrad GmbH bestellt am 20. Oktober 800 Lichtanlagen. ULO bestätigt die Lieferung zu einem höheren Preis.

Kaufvertrag	
Ja	Nein

Lernfeld Materialwirtschaft

5 Die Bestellung   Arbeitsbogen 11

12. d) Ein neuer Lieferant für Fahrradzubehör liefert unaufgefordert 10 Fahrradhelme zur Erprobung. Der Sendung liegt eine Rechnung über 680,00 Euro zum Zahlungsausgleich bei.

	Kaufvertrag
	Ja	Nein

e) Die Interrad GmbH bestellt auf Grundlage eines unverbindlichen Angebots 800 Vorder- und Hinterradbremsen. Fichtel & Sachs bestätigen den Auftrag in Bezug auf die Liefermenge, weisen aber auf die Preiserhöhung hin.

	Kaufvertrag
	Ja	Nein

f) Strunz & Co. sendet unaufgefordert Prospektmaterial. Die dort angebotenen Fahrradpumpen sind nach durchgeführter Bezugskalkulation so preisgünstig, dass die Interrad GmbH 5 000 Luftpumpen bestellt. Strunz & Co. bestätigt den Auftrag.

	Kaufvertrag
	Ja	Nein

g) Die Interrad GmbH richtete am 10. Oktober eine Anfrage an die Lackfabrik Brillant GmbH. 12 Tage später geht ein Angebot über Acryllacke mit der Freizeichnungsklausel „so lange der Vorrat reicht" ein. Interrad bestellt am 28. Oktober 3 000 Liter Acryllack in Blau. Die Brillant GmbH liefert am 3. November.

	Kaufvertrag
	Ja	Nein

Lernfeld Materialwirtschaft

5 Die Bestellung Arbeitsbogen 11

13. Ordnen Sie die von 1 – 4 nummerierten Vorgänge in den Arbeitsablaufplan ein.

Arbeitsablaufplan
(Handlungszusammenhänge)

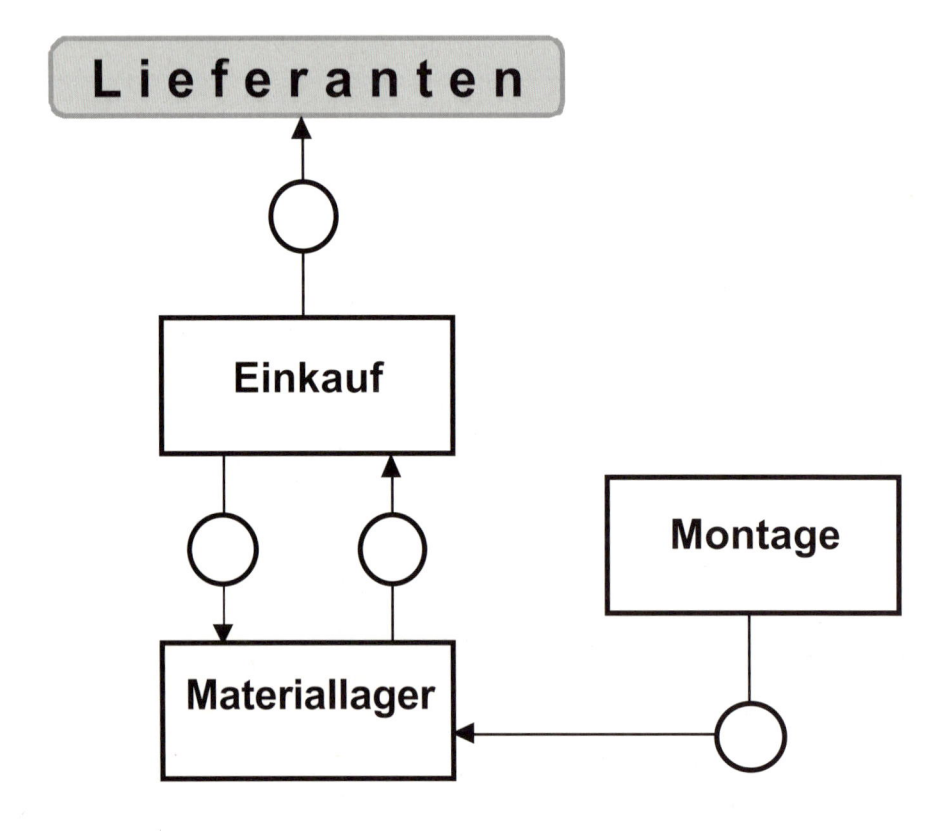

Lieferanten

Einkauf

Materiallager

Montage

Nr.	Vorgänge
1	Materialentnahmeschein wird an das Materiallager gegeben.
2	Nachbestellung wird anhand der Pendelkarte ausgelöst.
3	Bestellung wird ausgeführt.
4	Erledigung der Bestellung wird durch Rückgabe der Pendelkarte mitgeteilt.

Anlagen/Arbeitsunterlagen

Lieferantenstammkarte von ESLOT* – Seite 42
Pendelkarte für Pedale Typ 1
Bestellbuch
Vordruck „Bestellung"
Postausgangsbuch der Interrad GmbH – siehe Anhang
BGB-Auszug – siehe Anhang

PENDELKARTE

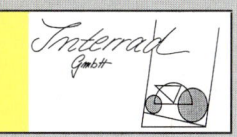

Artikel-Nr.	811 633	Bestellmenge	2 000
Artikelbezeichnung	Pedale mit Reflektoren	Signalzahl	1 180
	TYP 1	Einheit	Stück (Paar)

Lieferer 1	Lieferer 2
ESJOT Antriebstechnik GmbH	
Oesterweg 24	
D-56469 Ense-Höingen	

vom Materiallager auszufüllen				vom Einkauf auszufüllen			
Tag	Be-stand	Anforderung Menge	Termin		Datum	Bestell-Nr.	Menge	Preis in Euro	
..-08-25	954	2 000	sofort	Ru	..-08-26	1069	2 000	11,50	Ka
..-10-06	1100	2 000	sofort	Ru	..-10-06	1076	2 000	11,50	Ka
..-11-01	590	2 000	sofort	Ru					

Bestellbuch Seite 34

Bestell-Nr. (Lfd. Nr.)	Bestelldatum	Lieferant	Artikel	Bestellmenge	Liefertermin gefordert	Liefertermin bestätigt	Tag der Lieferung
1079	20..-11-01	Weinmann GmbH	Bremsen, Mountainbike	1 338	45. KW		

60 © Winklers Verlag • Darmstadt 3220 Abraham/Nemeth/Schalk, Interrad GmbH – Lernfeld Materialwirtschaft

Interrad GmbH • Walliser Str. 125 • 28325 Bremen

Interrad GmbH

Interrad GmbH
Walliser Straße 125
28325 Bremen
Telefon 0421 421047-0
Fax   0421 421048

BESTELL-NR.:

Bremen,
Bearbeiter/-in:

Wir bestellen aus Ihrem Sortiment:

Menge/Stück	Artikel-Nr.	Artikelbezeichnung	Einzelpreis Euro	PE	Gesamtpreis Euro

RABATTSATZ:

LIEFERTERMIN:

LIEFERUNG:

ZAHLUNG:

BEMERKUNGEN:

Mit freundlichen Grüßen

Interrad GmbH

Geschäftsführer/-in:
Karl Bertram jun.
Regina Woldt

Registereintragungen:
Amtsgericht Bremen
HRB 4621
USt-IdNr. DE 283 355 325

Kommunikation:
Telefon: 0421 421047-0
Fax: 0421 421048
E-Mail: interrad@t-online.de
Internet: http://www.interrad.de

Bankverbindungen:
Die Sparkasse Bremen
Konto-Nr. 1 122 448 800, BLZ 290 501 00
Postbank Hamburg
Konto-Nr. 212 115-201, BLZ 200 100 00

Lernfeld Materialwirtschaft

6 Der Wareneingang und Rechnungsausgleich   Arbeitsbogen 12

Situation

Einige Tage nach der Bestellung erhält die Interrad GmbH die Auftragsbestätigung, dass in der 46. Kalenderwoche geliefert wird. Die Bestätigung stimmt inhaltlich mit der Bestellung überein. Am 15. November 20.. werden die Pedale geliefert. Im Materiallager wird die eingegangene Ware angenommen und auf einer Lieferscheinkopie (Empfangsbestätigung) quittiert. Im Rahmen des Wareneinganges sind zahlreiche Arbeiten zu erledigen.

Arbeitsauftrag

1. Führen Sie das Posteingangsbuch weiter.

2. Tragen Sie den Tag der Lieferung in das Bestellbuch ein.

3. Prüfen Sie die sachliche Richtigkeit des Wareneinganges, indem Sie den Lieferschein mit der Bestellung vergleichen. Bestätigen Sie gegebenenfalls den ordnungsgemäßen Eingang im Stempelvordruck mit Datum und Namenszeichen.

4. Die eingetroffenen Artikel sind nun mengenmäßig zu erfassen. Um jederzeit Auskunft über die bevorrateten Mengen der Artikel geben zu können, wird bei der Interrad GmbH die Kontrolle des Lagerbestandes anhand einer Lagerkartei durchgeführt. Erfassen Sie die gelieferten Pedale für Typ 1 auf der Lager-Dispositionskarte.

5. Zwei Tage nach Lieferung der Pedale wird die Rechnung zugestellt.

    a) Führen Sie das Posteingangsbuch weiter.

    b) Begründen Sie, warum die Rechnung zur Kontrolle in den Einkauf kommt.

6. Prüfen Sie die rechnerische Richtigkeit der Rechnung.

7. Kontieren Sie den Rechnungseingang.

8. Nehmen Sie den Rechnungsausgleich vor.

    a) Bis wann kann die Interrad GmbH den Rechnungsausgleich unter Ausnutzung von Skonto vornehmen?

    b) Wann muss die Rechnung spätestens bezahlt werden?

    c) Füllen Sie mithilfe der Informationen zum Überweisungsvordruck das Überweisungsformular aus und tragen Sie unter Berücksichtigung von Skonto den Überweisungsbetrag ein (Datum: 20..-11-24).

Lernfeld Materialwirtschaft

6 Der Wareneingang und Rechnungsausgleich Arbeitsbogen 12

9. Kontieren Sie den Zahlungsausgleich.

10. Im Materiallager gibt es für den Wareneingang eine Arbeitsanweisung, um zu gewährleisten, dass die gelieferten Artikel korrekt angenommen, geprüft und erfasst werden. Vervollständigen Sie die Arbeitsanweisung.

11. Tragen Sie die folgenden Belege in die nummerierten Felder des Arbeitsablaufplans ein:

Angebot – Rechnung – Wareneingangsmeldung – Anfrage – Bestellung – Lieferschein

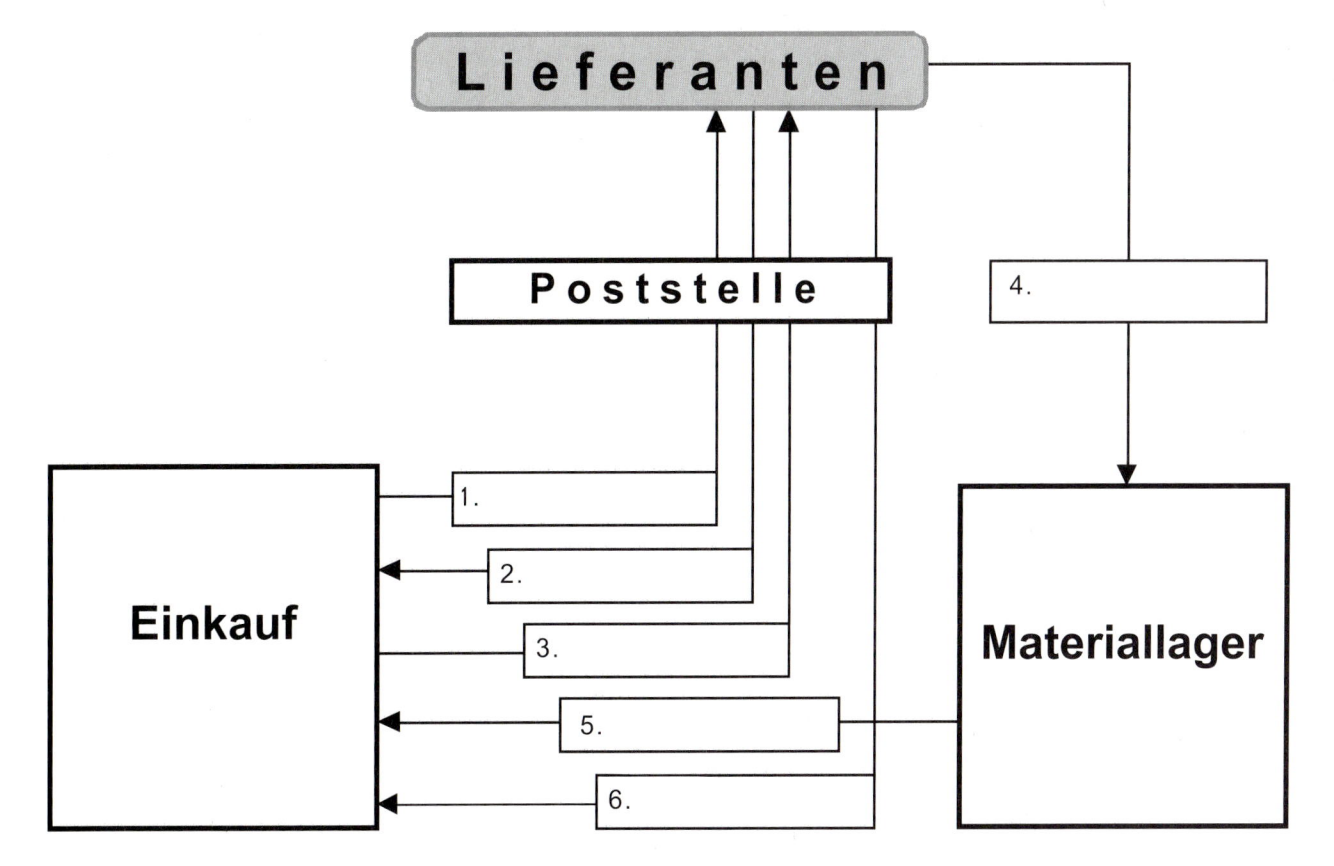

Arbeitsablaufplan
(Handlungszusammenhänge)

Lieferanten

Poststelle

Einkauf — Materiallager

1.
2.
3.
4.
5.
6.

Lernfeld Materialwirtschaft

6 Der Wareneingang und Rechnungsausgleich

Arbeitsbogen 12

12. Nummerieren Sie die folgenden Tätigkeiten der Reihe nach und ordnen Sie die Arbeiten den Abteilungen Einkauf, Materiallager und Zahlungsverkehr zu (siehe Organigramm).

Tätigkeiten	Reihenfolge	Abteilung
Verpackung prüfen		
Lieferantentermin kontrollieren		
Angebotsvergleich durchführen		
Wareneingang buchen		
Rechnung prüfen		
Bestellung schreiben		
Rechnung ausgleichen		
Angebote einholen		
Lieferer auswählen		
Ware prüfen		
Wareneingang melden		

Anlagen/Arbeitsunterlagen

Posteingangsbuch der Interrad GmbH – siehe Anhang
Bestellung an ESJOT* – Seite 61
Lieferschein von ESJOT
Bestellbuch* – Seite 60
Lager-Dispositionskarte
Rechnung von ESJOT
Kontierungsblatt
Informationen zum Überweisungsvordruck
Überweisungsauftrag
Arbeitsanweisung für die Warenannahme

und kein Rad steht still

ESJOT

ESJOT Antriebstechnik GmbH • Oesterweg 24 • D-59469 Ense

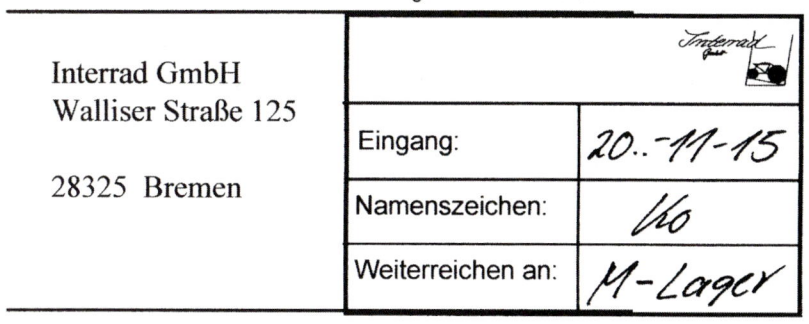

Interrad GmbH Walliser Straße 125 28325 Bremen	Eingang:	20..-11-15
	Namenszeichen:	Ko
	Weiterreichen an:	M-Lager

OESTERWEG 24
D-59469 ENSE-HÖINGEN

Telefon: 02938 9751-0
Telefax: 02938 9751-23
E-Mail: info@esjot.com
Internet: http://www.esjot.com

L I E F E R S C H E I N

	BITTE BEI REKLAMATIONEN UNBEDINGT ANGEBEN		
Lieferschein-Nr.	**20107**	Datum	20..-11-14
Ihre Bestellung vom	20..-11-01		
Ihre Bestellnummer	1080 – Frau Forsberg		
Liefertermin	46. Kalenderwoche		
Frankatur	ab Werk		
Versandart	per Bahntrans GmbH – Fracht		
Gewicht in kg	1 437,500		

Karton	VE	Stück	Artikelbezeichnung	Bemerkungen
200	10	2 000	Pedale (Paar), „Super Record" (Typ 1)	
134	10	1 340	Pedale (Paar), MTB-Alu (Typ 2)	
67	10	670	Pedale (Paar), Alu-Rennpedale (Typ 3)	

Die Ware wurde ordnungsgemäß geliefert!

Datum:

Namenszeichen:

Lieferadresse / Eingangsvermerke

Bankverbindungen:
Sparkasse Werl — Konto-Nr. 3 002 730, BLZ 414 517 50
Deutsche Bank AG, Filiale Werl — Konto-Nr. 6 839 880, BLZ 416 700 30
Volksbank Ense eG — Konto-Nr. 5 033 333, BLZ 414 619 00

Geschäftsführer:
Frank Schröder
eingetragen beim
Amtsgericht Werl, HRB 1582

LAGER - DISPOSITIONSKARTE

Artikel-Nr.:	811 633	
Artikelbezeichnung:	Pedale mit Reflektoren	Typ 1

Ø-Lieferzeit (Tage):		Karten-Nr.:	4
Mindestbestand:		Einheit:	Stück (Paar)
Signalzahl:			
Ø-Tagesverbrauch:			
Höchstbestand:			

Datum	Beleg	Zugang	Abgang	Bestand
..-09-29	Übertrag			1.709
..-10-06	ME 0067		609	1.100
..-10-12	LS 20089	2.000		3.100
..-10-14	ME 0071		649	2.451
..-10-24	ME 0076		626	1.825
..-10-31	ME 0082		604	1.221
..-11-01	ME 0085		631	590

ESJOT

und kein Rad steht still

ESJOT Antriebstechnik GmbH • Oesterweg 24 • D-59469 Ense

Interrad GmbH
Walliser Straße 125

28325 Bremen

Eingang:	20..-11-17
Namenszeichen:	Ko
Weiterreichen an:	Einkauf

OESTERWEG 24
D-59469 ENSE-HÖINGEN

Telefon: 02938 9751-0
Telefax: 02938 9751-23
E-Mail: info@esjot.com
Internet: http://www.esjot.com

R E C H N U N G

BITTE BEI ZAHLUNG UNBEDINGT ANGEBEN

Rechnungs-Nr.	**20107**	Datum	**20..-11-16**
Ihre Bestellung vom	20..-11-01		
Ihre Bestellnummer	1080 – Frau Forsberg		
Lieferbedingungen	ab Werk – pauschal 1 % vom Listenpreis		
Gewicht in kg	1 437,500		

Krt.	VE	Artikelbezeichnung	PE	Einzelpreis in Euro	Gesamtpreis in Euro
200	10	Pedale (Paar), „Super Record" (Typ 1)	1	11,50	23.000,00
134	10	Pedale (Paar), MTB-Alu (Typ 2)	1	10,40	13.936,00
67	10	Pedale (Paar), Alu-Rennpedale (Typ 3)	1	16,20	10.854,00

Gesamtpreis insgesamt		47.790,00
Rabattsatz	15, 00 %	7.168,50
Warenwert		40.621,50
Transportkosten	1, 00 %	477,90
Steuerpflichtiges Entgelt		41.099,40
Umsatzsteuer	16, 00 %	6.575,90
Rechnungsbetrag		47.675,30

Bankverbindungen:
Sparkasse Werl   Konto-Nr. 3 002 730, BLZ 414 517 50
Deutsche Bank AG, Filiale Werl   Konto-Nr. 6 839 880, BLZ 416 700 30
Volksbank Ense eG   Konto-Nr. 5 033 333, BLZ 414 619 00

Geschäftsführer:
Frank Schröder
eingetragen beim
Amtsgericht Werl, HRB 1582

Ausfüllhinweise

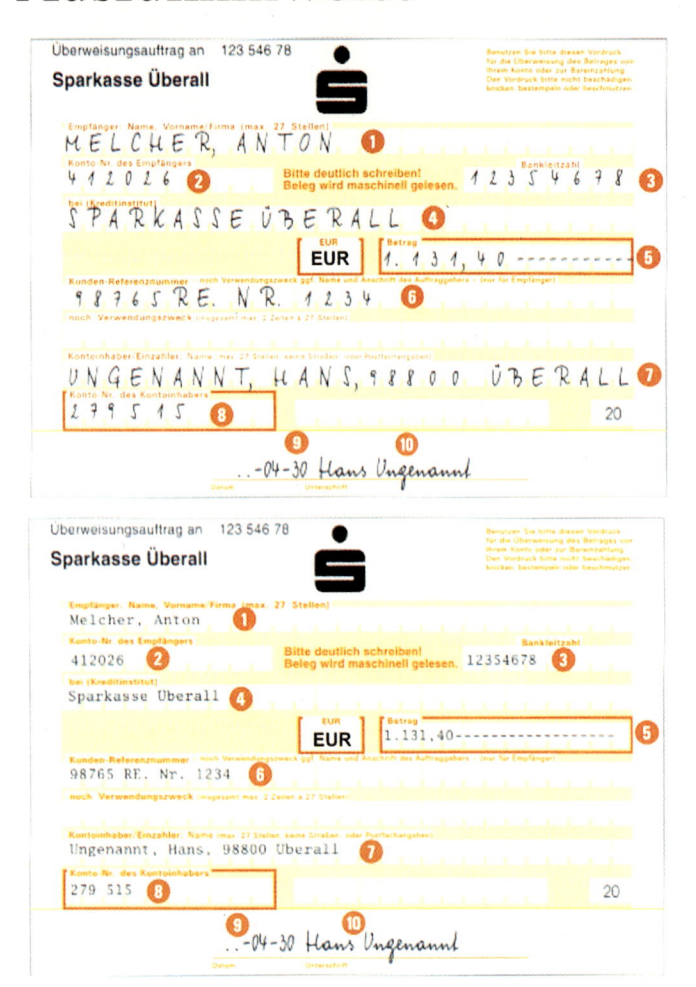

❶ Name, Vorname / Firma des Empfängers

❷ Kontonummer des Empfängers

❸ Bankleitzahl des Empfänger-Kreditinstitutes

Die Bankleitzahl finden Sie auf der Rechnung des Zahlungsempfängers

❹ Name des Empfänger-Kreditinstitutes

❺ Überweisungsbetrag immer von links beginnend eintragen. Für das Komma und ggf. Punkt ein eigenes Kästchen verwenden. Der freie Raum kann durch einen waagrechten Strich entwertet werden.

❻ Verwendungszweck in Kurzform: Die vom Zahlungsempfänger auf Rechnungen vorgegebene Rechnungs- oder Kundennummer unbedingt eingetragen.

❼ Ihr Name, Postleitzahl und Ort

❽ Ihre Kontonummer

❾ Datum

❿ Ihre Unterschrift

68 © Winklers Verlag • Darmstadt   3220 Abraham/Nemeth/Schalk, Interrad GmbH – Lernfeld Materialwirtschaft

1 KONTIERUNGSBLATT

Konto	Soll	Haben
Datum:	Kurzzeichen:	

Konto	Soll	Haben
Datum:	Kurzzeichen:	

Konto	Soll	Haben
Datum:	Kurzzeichen:	

Konto	Soll	Haben
Datum:	Kurzzeichen:	

Arbeitsanweisung für die Warenannahme

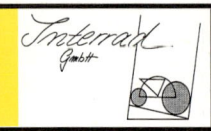

Im Rahmen der Warenannahme sind folgende Arbeitsschritte zu erledigen:

Vor dem Auspacken der Ware:

_____
_____
_____
_____

Nach dem Auspacken der Ware:

_____
_____
_____
_____

Nach Prüfung der gesamten Lieferung:

_____
_____
_____
_____
_____
_____

Lernfeld Materialwirtschaft

7 Besonderheiten beim Rechnungsausgleich
7.1 Rechnungsprüfung und Reklamation

Arbeitsbogen 13

Situation

Am 18. November 20.. geht bei der Interrad GmbH in Bremen gleichzeitig mit der Lieferung eine Rechnung des ULO-Werks in Geislingen über Fahrrad-Beleuchtungsteile ein. Das Materiallager hat den ordnungsgemäßen Wareneingang auf dem Lieferschein quittiert. Die Einkaufsabteilung der Interrad GmbH muss nun noch lediglich die Rechnung des ULO-Werks prüfen, um den Vorgang abschließen zu können. Augenscheinlich weist die Rechnung jedoch sachliche und rechnerische Fehler auf.

Arbeitsauftrag

1. Führen Sie das Posteingangsbuch weiter.

2. Prüfen Sie die Rechnung anhand des Lieferscheins, der Lieferantenstammkarte des ULO-Werks und der Tarifunterlagen der Bahntrans GmbH auf sachliche und rechnerische Richtigkeit. Achten Sie dabei auch auf das Gewicht.

   a) Listen Sie die sachlichen Fehler in der Rechnung auf. Stellen Sie den einzelnen Fehlern die korrekten Daten gegenüber.

   b) Verbessern Sie auf einem separaten Bogen die Rechnung und ermitteln Sie den korrekten Rechnungsbetrag.

3. Formulieren Sie mithilfe der Textbausteine „Reklamationen bei Rechnungen" (Datum: 20..-11-18, Kurzzeichen ek/..) ein formgerechtes Schreiben an das ULO-Werk, das folgende Punkte beinhaltet:

   – Bezugnahme auf die Bestellung und Lieferung der Beleuchtungsteile,
   – Auflistung der sachlichen Fehler,
   – Hinweis auf die korrekte Rechnungssumme,
   – Rücksendung der falschen Rechnung und Bitte um Neuausstellung.

4. Tragen Sie die Reklamation an das ULO-Werk in das Postausgangsbuch ein.

5. Begründen Sie, warum die Interrad GmbH Rechnungen einer sachlichen und rechnerischen Prüfung unterzieht. Erläutern Sie in diesem Zusammenhang auch die Funktion einer Rechnung.

Anlagen/Arbeitsunterlagen

Lieferschein/Rechnung/Lieferantenstammkarte des ULO-Werks
Preisliste Bahntrans Fracht/Prämien All-Risks-Versicherung – siehe Anhang
Textbausteine „Reklamationen bei Rechnungen"
Geschäftsbriefbogen der Interrad GmbH, blanko
Posteingangsbuch und Postausgangsbuch der Interrad GmbH – siehe Anhang

Fahrzeugbeleuchtung Elektronik

ULO

ULO-Werk GMBH & Co. KG • Postfach 14 65 • 73304 Geislingen/Steige

Interrad GmbH
Walliser Str. 125

28325 B r e m e n

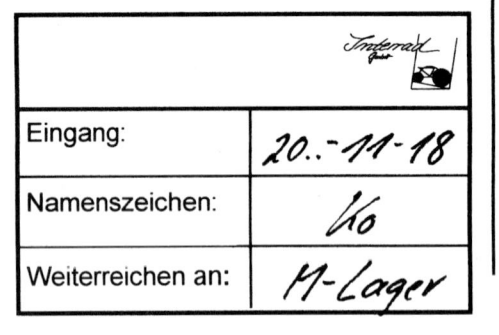

Eingang:	20..-11-18
Namenszeichen:	Ko
Weiterreichen an:	M-Lager

ULO-Werk
Moritz Ullmann GmbH & Co. KG
73312 Geislingen

Robert-Bosch-Straße 3
Postfach: 14 65
Telefon: 07331 26-0
Fax: 07331 26277
E-mail: ulo@aol.de
Internet: http://www.ulo.de

LIEFERSCHEIN

Bei Rückfragen bitte angeben

Ihre Bestell-Nr.	Kunden-Nr	Beleg-Nr.	Datum
1082 – Frau Forsberg	149800	11/568	20..-11-17

Bestelldatum	Gewicht in kg	Lieferung	Versandart
20..-11-11	2 380,000	ab Werk	Sammelladung

Karton	VE	Stück	Artikelbezeichnung	Bestellmenge
74	60	4440	Halogenscheinwerfer	4 400
147	30	4410	Lichtmaschine	4 400
16	280	4480	Fahrrad-Schlussleuchte komplett (Rücklicht)	4 400
4	1056	4224	Rückstrahler, rot (Reflektor)	3 500
22	160	3520	Speichenrückstahler, gelb, 4 Stück	3 500

Die Ware wurde ordnungsgemäß geliefert!

Datum:
Namenszeichen:

VE = Verpackungseinheit (Stück pro Karton)
Bemerkungen

ULO-Werk Moritz Ullmann
GmbH & Co. KG
Sitz: Geislingen/Steige
KG und GmbH
Registergericht Göppingen: HRA 514 Gei • HRB 186 Gei

Banken:
Volksbank Geislingen 602 970 008, BLZ 610 910 20
Landesgirokasse Geislingen 8 771 049, BLZ 600 501 01
Deutsche Bank Geislingen 0 701 631, BLZ 610 700 78
Postbank Stuttgart 9 743-701, BLZ 600 100 70

Fahrzeugbeleuchtung Elektronik

ULO

ULO-Werk GMBH & Co. KG • Postfach 14 65 • 73304 Geislingen/Steige

Interrad GmbH
Walliser Str. 125

28325 Bremen

Eingang:	20..-11-18
Namenszeichen:	Uo
Weiterreichen an:	Einkauf

ULO-Werk
Moritz Ullmann GmbH & Co. KG
73312 Geislingen

Robert-Bosch-Straße 3
Postfach: 14 65
Telefon: 07331 26-0
Fax: 07331 26277
E-mail: ulo@aol.de
Internet: http://www.ulo.de

R E C H N U N G

Bei Rückfragen bitte angeben

Ihre Bestell-Nr.	Kunden-Nr.	Beleg-Nr.	Datum
1082 – Frau Forsberg	149800	11/568	20..-11-17

Bestelldatum	Gewicht in kg	Lieferung	Versandart
20..-11-11	2 713,000	ab Werk	Sammelladung

Karton	VE	Artikelbezeichnung	PE	Einzelpreis	Gesamtpreis
74	60	Halogenscheinwerfer	100	260,00 €	11.544,00 €
184	24	Lichtmaschine	100	274,00 €	12.099,84 €
16	280	Fahrrad-Schlussleuchte komplett (Rücklicht)	100	420,00 €	18.816,00 €
4	1056	Rückstrahler, rot (Reflektor)	100	77,50 €	3.273,60 €
22	160	Speichenrückstahler, gelb, 4 Stück	100	198,00 €	6.969,60 €

	Auftragswert	Frachtkosten
	52.703,04 €	384,90 €
Rabattsatz	Rabatt	Steuerpflicht. Entgelt
0,00 %	0,00 €	53.087,94 €
Umsatzsteuersatz	Warenwert	Umsatzsteuer
16,00 %	52.703,04 €	8.494,07 €
	Zahlungsziel	Rechnungsbetrag
	20..-12-17	61.582,01 €

PE = Preiseinheit

VE = Verpackungseinheit (Stück pro Karton)

Skontosatz	Skontoabzug bis	Skontobetrag
3,00 %	20..-11-27	1.847,46 €

ULO-Werk Moritz Ullmann
GmbH & Co. KG
Sitz: Geislingen/Steige
KG und GmbH
Registergericht Göppingen: HRA 514 Gei • HRB 186 Gei

Banken:
Volksbank Geislingen 602 970 008, BLZ 610 910 20
Landesgirokasse Geislingen 8 771 049, BLZ 600 501 01
Deutsche Bank Geislingen 0 701 631, BLZ 610 700 78
Postbank Stuttgart 9 743-701, BLZ 600 100 70

Lieferantenstammkarte

Stammdaten

Name:	ULO-Werk Moritz Ullmann GmbH & Co. KG	Lieferernummer:	44 21 01
Straße:	Robert-Bosch-Straße 3	Vorwahl:	7331
Postleitzahl:	73312	Rufnummer:	26-0
Ort:	Geislingen a. d. Steige	Fax:	26277
Bank:	Volksbank Geislingen	Bearbeiter/-in:	Kerstin Lindström
Bankleitzahl:	610 910 20	Angebot vom:	20..-10-14
Konto-Nr.:	602 970 008	Bindung:	freibleibend

Rabattstaffel

	%	WERT/STÜCK
Mengenrabatt (Wertstaffel)	7,50 %	50.000,00 €

Zahlungsbedingungen

	%	Tage
Skonto:	3,00 %	10
Zahlungsziel:		30

Lieferbedingungen

Frankatur:	ab Werk
Versandart:	Sammelladung
Tarif:	Bahntrans Haus-Haus-Tarif
Entfernungszone:	12 (PLZ-Bereich)
Verpackungskosten:	keine
Lieferzeit:	längere Lieferzeiten möglich

Lieferprogramm

Lfd.-Nr.	Artikel-Nr.	Artikelbezeichnung	Einzelpreis	PE	KG/VE	Anzahl pro VE
01	9 010 010	Scheinwerfer mit Reflektor	260,00 €	100	9,500	60
02	9 020 010	Lichtmaschine	274,00 €	100	9,000	30
03	2 370 071	Fahrrad-Schlussleuchte (Rücklicht)	240,00 €	100	14,000	280
04	1 430 071	Rückstrahler (Reflektor), rot, hinten	77,50 €	100	10,500	1 056
05	1 430 171	Rückstrahler (Reflektor), weiß, vorne	77,50 €	100	10,500	1 056
06	5 095 760	Speichenrückstrahler, gelb, 4 Stück (Set)	198,00 €	100	4,000	160

PE = PREISEINHEIT • VE = VERPACKUNGSEINHEIT   UMSATZSTEUERSATZ:

Textbausteine „Reklamationen bei Rechnungen"

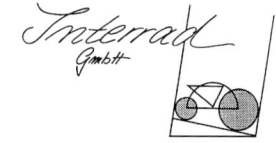

| Anschrift | | Datum |

| Betreffzeile: Reklamation   Ihre Rechnung Nr. ... vom ... Kunden-Nr. ... /Unsere Bestellung Nr. ... |

| Anrede |

Bezug auf bisherigen Ablauf: Bestellung und Lieferung

Wir danken für die sofortige Erledigung unseres o. g. Auftrages. Die Lieferung ist ordnungsgemäß am ... in Bremen eingegangen.

Wir danken für die schnelle Bearbeitung unserer o. a. Bestellung. Die Lieferung ist am ... fristgerecht eingetroffen.

Darstellung des Problems – sachliche und/oder rechnerische Fehler in der erhaltenen Rechnung

Allerdings enthält Ihre Rechnung gegenüber Ihrem Angebot vom ... (einige, mehrere) Differenzen.

Die Überprüfung Ihrer Rechnung ergab leider Fehler/Abweichungen/Differenzen gegenüber Ihrem Angebot vom ...

Leider haben wir aber einige Fehler auf Ihrer Rechnung im Vergleich zu Ihrer Auftragsbestätigung vom ... festgestellt.

Genaue Auflistung/Darstellung der festgestellten Fehler in der Rechnung. Da hier eine Vielzahl von Fehlern denkbar ist, wird auf Fehlerbeispiele verzichtet. Fehler u. U. tabellarisch darstellen.

Folgende Fehler haben wir festgestellt: ...

Im Einzelnen sind es nachstehende Fehler/Differenzen/Abweichungen: ...

Konsequenzen: Bitte um neue Rechnung sowie Rücksendung der alten bzw. falschen Rechnung.

Wegen der genannten Fehler/Differenzen können wir zurzeit die Rechnung noch nicht ausgleichen. Wir erwarten daher eine neue Rechnung bis zum ... Als Anlage fügen wir die falsche Rechnung bei.

Bitte schicken Sie uns umgehend eine korrigierte Rechnung. Wir werden dann sofort fristgerecht bezahlen. Als Anlage fügen wir die fehlerhafte Rechnung bei.

Wir erwarten eine korrigierte Rechnung über einen Betrag von ... Nach Rechnungserhalt werden wir selbstverständlich den fälligen Betrag überweisen. Die alte Rechnung ist beigefügt.

Schlussformel (kann auch entfallen)

Wir hoffen (trotz allem?) auf eine weiterhin gute Zusammenarbeit/gute Geschäftsbeziehung.

Interrad GmbH

Interrad GmbH • Walliser Straße 125 • 28325 Bremen

| Ihr Zeichen, Ihre Nachricht | Unser Zeichen, unsere Nachricht vom | Telefon, Name 0421 421047- | Datum |

Geschäftsführer/-in:
Karl Bertram jun.
Regina Woldt

Registereintragungen:
Amtsgericht Bremen
HRB 4621
USt-IdNr. DE 283 355 325

Kommunikation:
Telefon: 0421 421047-0
Fax: 0421 421048
E-Mail: interrad@t-online.de
Internet: http://www.interrad.de

Bankverbindungen:
Die Sparkasse Bremen
Konto-Nr. 1 122 448 800, BLZ 290 501 00
Postbank Hamburg
Konto-Nr. 212 115-201, BLZ 200 100 00

Lernfeld Materialwirtschaft

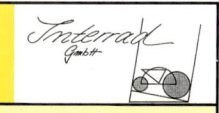

7 Besonderheiten beim Rechnungsausgleich
7.2 Exkurs: Skonto oder Kredit

Arbeitsbogen 14

Situation

Die ESJOT Antriebstechnik GmbH teilt Frau Forsberg aus der Einkaufsabteilung der Interrad GmbH am 20..-11-22 mit, dass die Preise für Tretlager für alle drei Fahrradtypen zu Beginn des neuen Jahres erhöht werden. Die Interrad GmbH plant deshalb, die Tretlager für das gesamte 1. Quartal des neuen Jahres bereits im Dezember zu bestellen. Die Bedarfsmenge entspricht der des 4. Quartals dieses Jahres. Die benötigte Lagerfläche steht nach Auskunft des Lagerverwalters (Materiallager) ohne Mehrkosten zur Verfügung.

Da es sich auch wertmäßig um eine außergewöhnlich große Bestellmenge handelt, bespricht Frau Forsberg noch am selben Tag mit Herrn Borowski aus der Finanzbuchhaltung die Zahlungsbedingungen der ESJOT Antriebstechnik. Herr Borowski führt aus, dass Rechnungen grundsätzlich unter Abzug von Skonto bezahlt werden. In diesem speziellen Fall kann die Skontofrist aber nicht eingehalten werden. Wegen der hohen Rechnungssumme kommt es zu einem kurzfristigen Liquiditätsengpass. Frau Forsberg und Herr Borowski rechnen nun zwei Finanzierungsvarianten durch.

a) Soll auf Skonto verzichtet und das Zahlungsziel in Anspruch genommen werden?

b) Lohnt es sich, bei der Hausbank einen kurzfristigen Kredit aufzunehmen, um die Rechnung skontieren zu können? Herr Evers von der Sparkasse in Bremen bietet auf telefonische Anfrage am 22. November 20.. einen kurzfristigen Kredit zu einem Zinssatz von 12 % p. a. bei 0,25 % Bearbeitungsgebühren auf die Kreditsumme an.

Arbeitsauftrag

Das Formular „Meldebogen Finanzbedarf" nimmt die verschiedenen Plandaten der Abteilungen Einkauf und Finanzbuchhaltung (Fibu) zu diesem Problemkreis auf und dient der Interrad GmbH als Entscheidungsgrundlage. Die Rückseite des Formulars enthält Berechnungshilfen mit den entsprechenden Formeln. Beantworten Sie mithilfe des Formulars die folgenden Aufgaben.

1. Füllen Sie den Bereich 1 „Anmeldung Finanzbedarf" aus (Datum 20..-11-22).

2. Bearbeiten Sie den Bereich 2 „Finanzbedarfsrechnung" und tragen Sie die Daten in die entsprechenden Felder ein.

   a) Ermitteln Sie anhand der Materialentnahmescheine des 4. Quartals dieses Jahres die Bestellmenge für die Tretlager der drei Fahrradtypen (vgl. Punkt 2 – Seite 20).

   b) Errechnen Sie mithilfe der Lieferantenstammkarte der ESLOT Antriebstechnik die Rechnungssumme. Aufgrund der hohen Bestellmenge würde in diesem Fall die Lieferung abweichend frei Haus erfolgen (vgl. Punkt 4.1 – Seite 42).

Lernfeld Materialwirtschaft

7 Besonderheiten beim Rechnungsausgleich
7.2 Exkurs: Skonto oder Kredit

Arbeitsbogen 14

3. Bearbeiten Sie den Bereich 3 „Lieferantenkredit/Skontoertrag" und tragen Sie die Daten in die entsprechenden Felder ein.

   a) Übernehmen Sie aus der Lieferantenstammkarte der ESJOT Antriebstechnik die Zahlungsbedingungen.

   b) Ermitteln Sie den Skontobetrag und berechnen Sie den Zahlbetrag.

   c) Wie viel Tage beträgt die Laufzeit des Lieferantenkredits?

   d) Der Lieferantenkredit ist in der Regel nicht zinslos, da Skonto in den Preis einkalkuliert wird. Sollte auf Skonto verzichtet werden, entspricht der Skontobetrag dem Preis des Lieferantenkredits. Berechnen Sie den Jahreszinssatz für den Skontobetrag der ESLOT Antriebstechnik.

4. Bearbeiten Sie den Bereich 4 „Bankkredit/Finanzierungskosten" und tragen Sie die Daten in die entsprechenden Felder ein.

   a) Übernehmen Sie aus der Situationsbeschreibung die Daten zum Bankkredit.

   b) Berechnen Sie den Zinsbetrag.

   c) Berechnen Sie den Betrag der Bearbeitungsgebühren. Ermitteln Sie dann anschließend die Summe der Kreditkosten insgesamt.

5. Bearbeiten Sie den Bereich 5 „Finanzierungsgewinn" und tragen Sie die Daten in die entsprechenden Felder ein.

   a) Berechnen Sie den möglichen Finanzierungsgewinn brutto.

   b) Ermitteln Sie den Umsatzsteueranteil im Finanzierungsgewinn brutto.

   c) Kürzen Sie den Finanzierungsgewinn brutto um den Umsatzsteueranteil.

   d) Warum reicht es nicht aus, den Finanzierungsgewinn brutto auszuweisen?

   e) Entscheiden Sie, ob die Interrad GmbH einen Bankkredit aufnehmen sollte, um einen Skontoabzug wahrnehmen zu können.

Anlagen/Arbeitsunterlagen

Lieferantenstammkarte ESJOT Antriebstechnik GmbH * – Seite 42
Formular „Meldebogen Finanzbedarf" der Interrad GmbH

MELDEBOGEN FINANZBEDARF

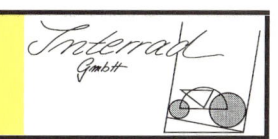

Interrad GmbH

1 Anmeldung Finanzbedarf
von der Abt. Einkauf auszufüllen

Bearbeiter/-in Ek		Datum	
Bearbeiter/-in Fibu		Bemerkungen	
Lieferer		Lieferernummer	

2 Finanzbedarfsrechnung
nur ausfüllen, wenn keine Rechnung vorhanden — sonst weiter mit 3

Nr.	Menge	Artikelbezeichnung	Einzelpreis	PE	Gesamtpreis

		%	EURO
	Gesamtbetrag		
	Rabattbetrag		
	Warenwert		
	Nebenkosten		
	steuerpfl. Entgelt		
	Umsatzsteuer		
	Rechnungsbetrag		

3 Lieferantenkredit/Skontoertrag
wenn keine Rechnung vorhanden, Daten aus 2 übernehmen

Zahlungsziel Tage		Rechnungsdatum	
Skontofrist Tage		Rechnungsbetrag	
Skontosatz		Skontoertrag	
Kreditlaufzeit Tage		Zahlbetrag	
		effektiver Zinssatz	

4 Bankkredit/Finanzierungskosten
von der Abt. Finanzbuchhaltung auszufüllen

Bank			
Angebot vom		Kreditsumme	
Zinssatz		Zinsen	
Nebenkosten		Nebenkosten	
Laufzeit Tage		Kosten insgesamt	

5 Finanzierungsgewinn
von der Abt. Finanzbuchhaltung auszufüllen

Entscheidung:

Skontoertrag	
Kosten Bankkredit	
Finanzierungsgewinn brutto	
Umsatzsteueranteil	
Finanzierungsgewinn netto	

BERECHNUNGSHILFEN FÜR MITARBEITER

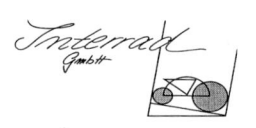

FORMELN

Skonto	=	Rechnungsbetrag · Skontosatz / 100
Zahlbetrag	=	Rechnungsbetrag ÷ Skonto
Kreditzeit	=	Zahlungsziel ÷ Skontofrist
Kreditbetrag	=	Rechnungsbetrag ÷ Skontoertrag
Kreditzinsen	=	(Kreditbetrag · Zinssatz · Kreditzeitraum in Tagen) / (100 · 360 Tage)
Finanzierungsgewinn	=	Skontoertrag ÷ Kreditzinsen
Jahresprozentsatz (effektive Verzinsung)	=	(Skontoertrag · 100 · 360 Tage) / (Kreditbetrag · Kreditlaufzeit)
effektive Verzinsung Überschlagsrechnung	=	Skontosatz · 360 Tage / Kreditzeit

BERECHNUNG DER TAGE BEI DER INTERRAD GMBH (KAUFMÄNNISCHE ZINSRECHNUNG)

- das Jahr zu 360 Tagen
- der Monat zu 30 Tagen
- der Februar hat 30 Tage
- bei Verzinsung zum 28. bzw. 29. Februar nur 28 bzw. 29 Tage
- der Tag, von dem aus gerechnet wird, zählt nicht mit
- der Tag, bis zu dem gerechnet wird, zählt mit

ERLÄUTERUNGEN

·	=	multipliziert
/	=	dividiert

Lernfeld Materialwirtschaft

8 Störungen bei der Warenlieferung
8.1 Die Lieferung erfolgt nicht termingemäß – Lieferungsverzug

Arbeitsbogen 15

Situation

Zu den Aufgaben der Einkaufssachbearbeiter gehört die Terminkontrolle, ob die von der Interrad GmbH bestellten Artikel rechtzeitig geliefert worden sind. Zu diesem Zweck wird u. a. auch das Bestellbuch geführt.

Falls die Ware nicht rechtzeitig eingetroffen ist, muss geprüft werden, ob ein Lieferungsverzug vorliegt. Gegebenenfalls muss eine entsprechende Forderung an den Lieferanten erstellt werden. Hilfsmittel dazu ist der „Leitfaden zum Schriftverkehr – Lieferungsverzug". In ihren „Allgemeinen Geschäftsbedingungen" (AGB) legt die Interrad GmbH die gesetzlichen Kaufvertragsregelungen zugrunde und verzichtet auf vertragliche Änderungen.

Sie nehmen die Lieferterminkontrolle am 20..-11-18 (46. Kalenderwoche/KW dauert vom 14. bis zum 20. November) vor.

Arbeitsauftrag

1. Kontrollieren Sie mithilfe des Bestellbuches, ob für die bestellten Artikel eine rechtzeitige Lieferung erfolgt ist.

2. Überprüfen Sie mithilfe des „Leitfadens zum Schriftverkehr", ob ein Lieferungsverzug für die fehlenden Lieferungen vorliegt.

   Sie können gegebenenfalls zur weiteren Unterstützung das BGB (§ 279, § 284, § 285) hinzuziehen (siehe Anhang).

3. Schreiben Sie Briefe an die Lieferanten, die Ihrer Meinung nach im Lieferungsverzug sind. Als Hilfestellung dienen Ihnen ein Briefvordruck bzw. die Textbausteine im Leitfaden zum Schriftverkehr.

   Verwenden Sie für den „Regelfall" des Lieferungsverzuges den Vordruck für den Lieferungsverzug. Formulieren Sie für den selteneren „Ausnahmefall" einen Geschäftsbrief.

   Lieferantenadressen und genauere Artikelangaben erfahren Sie aus den Lieferantenstammkarten. Die Bestellmengen entnehmen Sie bitte dem Bestellbuch.

4. Führen Sie das Postausgangsbuch weiter.

Lernfeld Materialwirtschaft

8 Störungen bei der Warenlieferung
8.1 Die Lieferung erfolgt nicht termingemäß – Lieferungsverzug

Arbeitsbogen 15

5. Beantworten Sie folgende Fragen mithilfe des „Leitfadens zum Schriftverkehr".

a) Welche beiden Voraussetzungen müssen grundsätzlich für den Eintritt eines Lieferungsverzuges gegeben sein?

b) Erläutern Sie, warum die Interrad GmbH Wert auf kalendermäßig eindeutig bestimmte Liefertermine legt.

c) Erläutern Sie, warum der Lieferverzug bei den von der Interrad GmbH bestellten Artikeln auch ohne Verschulden des Lieferanten eintritt.

d) Die Interrad GmbH hat zum 20. Mai d. J. bei der Firma ESJOT Pedale bestellt. Bei der Überprüfung am 21. Mai wird festgestellt, dass die Lieferung noch nicht eingetroffen ist. Bis jetzt hat die Interrad GmbH noch keine Nachfrist gesetzt. Welche Rechte stehen der Interrad GmbH in diesem Falle zu?

e) Inzwischen hat die Interrad GmbH dem Lieferanten ESJOT eine Nachfrist für die Lieferung bis zum 30. Mai gesetzt. Gleichzeitig verweist Interrad auf die möglichen Folgen bei fehlender Lieferung nach dem 30. Mai. Welche Rechte könnte die Interrad GmbH nach Ablauf dieser Nachfrist in Anspruch nehmen?

f) Um bei einer nachfolgenden Bestellung sicherzugehen, bestellt Interrad GmbH die nächste Lieferung zu einem Fixtermin, „Lieferung am 30. Juni fix". Welche Rechte hat die Interrad GmbH, falls die Lieferung nicht rechtzeitig eintrifft?

g) Warum soll ein Sachbearbeiter der Interrad GmbH bei einem Rücktritt vom Kaufvertrag zuvor die Abteilungsleitung bzw. die Geschäftsleitung informieren?

h) Welche beiden Schadenersatzarten werden unterschieden? Nennen Sie jeweils ein Beispiel für jede Schadenart.

i) Erläutern Sie die Regelung, die die Interrad GmbH mit ihren Lieferanten vereinbart, um eventuell erforderlich werdende Verhandlungen über die Schadenhöhe zu vermeiden.

Anlagen/Arbeitsunterlagen
Auszug Bestellbuch
Auszug „Leitfaden zum Schriftverkehr, Lieferungsverzug"
Textbausteine zum Lieferungsverzug
Briefvordruck der Interrad GmbH zum Lieferungsverzug
Lieferantenstammkarte von Weinmann
Geschäftsbriefbogen der Interrad GmbH
Lieferantenstammkarte der ESJOT GmbH & Co. KG* – Seite 42
Postausgangsbuch der Interrad GmbH – siehe Anhang
BGB-Auszug – siehe Anhang

Bestellbuch Seite 34

Bestell-Nr. (Lfd. Nr.)	Bestelldatum	Lieferant	Artikel	Bestellmenge	Liefertermin gefordert	Liefertermin bestätigt	Tag der Lieferung
1079	20..-11-01	Weinmann GmbH	Bremsen, Mountainbike	1 338	45. KW	45. KW	
1080	20..-11-01	ESJOT	Pedale Super Record, Standard	2 000	46. KW	46. KW	20..-11-15
1080	20..-11-01	ESJOT	Pedale MTB Alu	1 340	46. KW	46. KW	20..-11-15
1080	20..-11-01	ESJOT	Pedale Alu- Rennpedale	670	46. KW	46. KW	20..-11-15
. . . . . .							
1093	20..-11-07	Shimano	21-Gang-Schaltung	1 440	Ende Nov.	Ende Nov.	
1094	20..-11-07	Bohle	Marathon-Reifen, Stadtrad	4 000	47. KW		
1095	20..-11-11	Schürmann	Gepäckträger	2 004	46. KW	46. KW	20..-11-16
1096	20..-11-12	ESJOT	Tretlager, Stadtrad	200	..-11-16 fix	..-11-16 fix	

Leitfaden

Lieferungsverzug

Leider kommt es immer wieder vor, dass ein Lieferant nicht rechtzeitig die von der Interrad GmbH bestellten Artikel liefert. In diesem Fall muss schnell gehandelt werden, weil sonst unter Umständen der Produktionsablauf gefährdet ist, somit hohe Kosten entstehen!

Die Bestellungen müssen grundsätzlich so abgefasst werden, dass der Bestelltermin kalendermäßig eindeutig bestimmt ist. Ist dieses nämlich nicht der Fall, muss an den Lieferanten erst eine Mahnung geschrieben werden, um ihn in Verzug zu setzen. Deshalb bestellt die Interrad GmbH im Regelfall unter Angabe der gewünschten Kalenderwoche.

Wenn diese Fälligkeit überschritten ist, befindet sich der Lieferant im Lieferverzug. Grundsätzlich gehört auch ein Verschulden des Lieferanten als zweite Bedingung zum Lieferverzug. Ein Verschulden des Lieferanten muss allerdings bei unseren Artikeln als Voraussetzung für einen Lieferverzug nicht vorliegen, da es sich um wieder beschaffbare Gattungswaren und nicht um einmalige Spezialstücke handelt.

Zur besseren terminlichen Kontrolle verlangen wir von unseren Lieferanten in der Regel eine schriftliche Auftragsbestätigung. Diese kann allerdings gerade bei unseren Stammlieferanten auch per Telefon, per Fax oder per E-Mail erfolgen.

Bei Lieferverzug muss unverzüglich reagiert werden! Dabei sind folgende Rechte zu unterscheiden:

Da wir wegen der kalendermäßig eindeutig festgelegten Bestellung (s. o.) keine besondere Mahnung mit einer Nachfrist zur Lieferung schreiben müssen, werden wir im Regelfall auf „Erfüllung des Vertrages", also auf umgehende Lieferung der Ware bestehen. Falls wegen der verspäteten Lieferung allerdings der Interrad GmbH ein Schaden entstanden sein sollte, müssen wir auf „Erfüllung und Schadenersatz" bestehen. In diesem Fall ist unbedingt Kontakt mit der Abteilungsleitung und bei größeren Schäden u. U. mit der Geschäftsleitung aufzunehmen.

Falls ein „Rücktritt vom Kaufvertrag" angestrebt wird, muss eine Nachfrist gesetzt und auf die vorgesehenen Konsequenzen hingewiesen werden. Nur dann können die entsprechenden Rechte des „Rücktrittes vom Kaufvertrag" und eventuell „Schadenersatz wegen Nichterfüllung" geltend gemacht werden. Da beides schwerwiegende Entscheidungen sind, muss der Sachbearbeiter/die Sachbearbeiterin zuvor Rücksprache mit der Abteilungsleitung und diese u. U. mit der Geschäftsleitung halten.

Die im letzten Absatz genannten Rechte gelten auch für den Fixkauf, falls bei der Bestellung ein fester Termin (z. B. 5. Mai fix) vorgegeben worden ist. In diesem Fall entfallen jedoch Nachfrist und Mahnung. Da Fixkäufe Ausnahmefälle sind, soll dann bei Lieferungsverzug nicht der Vordruck, sondern ein Geschäftsbrief verwendet werden, in dem unsere Ansprüche formuliert werden.

Zur Höhe der Schadenermittlung sind der Abteilungs- bzw. Geschäftsleitung bei „konkreten Schäden" der Mehrpreis und die Kosten für die anderweitig zu beschaffenden Artikel vorzulegen. Sollte infolge des Lieferungsverzuges Gewinn entgangen sein, muss die Abteilungsleitung der Geschäftsführung eine Schätzung des zu erwartenden Schadens vorlegen, damit diese den so genannten „abstrakten Schaden" ermitteln bzw. schätzen lassen kann. Um diese Schwierigkeit zu umgehen, wird in der Regel (nach Absprache mit der Abteilungsleitung) bei neuen Lieferanten vertraglich eine feste Geldsumme zur Zahlung für diese Fälle vereinbart – die so genannte Konventionalstrafe.

Da für den Lieferungsverzug häufig besondere Gegebenheiten (s. o. Fixgeschäfte) zugrunde liegen, sind Textbausteine beigefügt, die dem individuellen Fall anzupassen sind. Grundsätzlich sollte auf den Briefvordruck für den Lieferungsverzug zurückgegriffen werden.

Textbausteine zum Lieferungsverzug

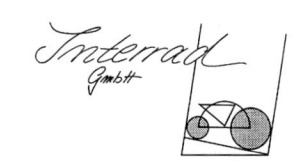

| Anschrift | | Datum |

In der Betreffzeile steht: Lieferungsverzug – unsere Bestellnummer ...

Anrede (kann auch entfallen)

Anlass; Bezug; bisheriger Ablauf (Bestellung, Lieferdaten)

Wir hatten am ... folgende Artikel ... bei Ihnen zur Lieferung am ... bestellt.

Unsere Bestellung vom ... über ... haben Sie mit dem von uns gewünschten Liefertermin bestätigt.

In Ihrer Auftragsbestätigung haben Sie die Lieferung von ... für die ... Kalenderwoche bestätigt.

Unsere Bestellung vom ... über ... bezog sich ausdrücklich auf ein Fixgeschäft zum ...

(Hinweis: Die Aufstellung/Aufzählung der bestellten Artikel sollte eingerückt werden.)

Fehlende Lieferung beklagen/feststellen. Dringlichkeit der erwarteten Lieferung betonen.

Leider ist bis heute diese Lieferung noch nicht eingetroffen. Wir sind aber dringend auf die Artikel angewiesen, da unsere Lagerbestände weitgehend aufgebraucht sind.

Jede Lieferverzögerung bringt uns selbst gegenüber unseren Kunden in Lieferschwierigkeiten.

Gegebenenfalls Nachfrist setzen, falls z. B. Rücktritt vom Kaufvertrag angestrebt wird.

Bitte schicken Sie uns die Ware unverzüglich bis spätestens zum ...

Wir bitten Sie nochmals, die bestellte Ware bis zum ... zu liefern. Sollten die Artikel nicht bis zum ... eingetroffen sein, werden wir ...

Wir setzen Ihnen eine letzte Nachfrist zur Lieferung bis zum ... Sollte die Ware bis zu diesem Termin nicht eingetroffen sein, werden wir ...

I. Mit Nachfristsetzung:

... werden wir vom Kaufvertrag zurücktreten und Sie für den entstandenen Schaden/für die entstandenen Mehrkosten haftbar machen.

... werden wir auf Ihre Lieferung verzichten und die vertraglich festgelegte Konventionalstrafe einfordern.

II. Ohne Nachfristsetzung

Da es sich um einen Fixkauf handelt, treten wir vom Kaufvertrag zurück und werden uns die Ware bei der Konkurrenz beschaffen sowie Sie mit den entstandenen Kosten (Schaden) belasten.

Da unsere Kunden auf die bestellten Markenartikel eingestellt sind, bestehen wir auf die unverzügliche Lieferung (bis zum ...) und machen Sie gegebenenfalls für den entstandenen Schaden haftbar.

Schlussformel

Es wäre sehr bedauerlich, wenn unsere langjährige Geschäftsbeziehung durch diese Angelegenheit belastet oder gar beendet würde.

Wir hoffen, dass Sie fristgerecht liefern und keine weiteren Probleme entstehen.

Interrad GmbH

Interrad GmbH · Walliser Straße 125 · 28325 Bremen

| Ihr Zeichen, Ihre Nachricht | Unser Zeichen, unsere Nachricht vom | Telefon, Name 0421 421047- | Datum |

Lieferungsverzug – unsere Bestellnummer:

Am   bestellten wir bei Ihnen zur Lieferung in der   Kalenderwoche

Menge/Stück	Artikelbezeichnung/Artikelnummer

Leider ist bisher die bestellte Ware noch nicht eingetroffen. Wir fordern Sie auf unverzüglich bis zum   zu liefern. Eventuell entstehenden Schaden werden Sie übernehmen müssen.

Wir hoffen, dass unsere bisherigen guten Geschäftsbeziehungen wegen dieser Angelegenheit nicht gefährdet werden.

Mit freundlichen Grüßen

Interrad GmbH

Geschäftsführer/-in:
Karl Bertram jun.
Regina Woldt

Registereintragungen:
Amtsgericht Bremen
HRB 4621
USt-IdNr. DE 283 355 325

Kommunikation:
Telefon: 0421 421047-0
Fax: 0421 421048
E-Mail: interrad@t-online.de
Internet: http://www.interrad.de

Bankverbindungen:
Die Sparkasse Bremen
Konto-Nr. 1 122 448 800, BLZ 290 501 00
Postbank Hamburg
Konto-Nr. 212 115-201, BLZ 200 100 00

Lieferantenstammkarte

Stammdaten

Name:	Weinmann GmbH & Co. KG	Lieferernummer:	44018
Straße:	Im Haselbusch 16	Vorwahl:	7731
Postleitzahl:	78334	Rufnummer:	82040
Ort:	Singen	Fax:	80457
Bank:	Baden Württembergische Bank	Bearbeiter/-in:	Herr Frerichs
Bankleitzahl:	692 200 20	Angebot vom:	20..-08-19
Konto-Nr.:	24 931	Bindung:	ja, § 145 BGB

Rabattstaffel

	%	WERT/STÜCK
Mengenrabatt pro Bestellung (Wertstaffel)	10,00%	50.000,00 €
	20,00%	200.000,00 €

Zahlungsbedingungen

	%	Tage
Skonto:	2,00%	14
Zahlungsziel:		30

Lieferbedingungen

Frankatur:	ab Werk
Versandart:	Sammelladung Bahntrans GmbH
Tarif:	Bahntrans Haus-Haus-Tarif
Entfernungszone:	12 (PLZ-Bereich 78)
Verpackungskosten:	keine
Lieferzeit:	8 Tage nach Bestellung

Lieferprogramm

Lfd.-Nr.	Artikel-Nr.	Artikelbezeichnung	Einzelpreis	PE	KG/VE	Anzahl pro VE
1	ATXL 95/1	Stadtrad-Bremse, vorn	4,90 €	1	1,200	6
2	ATXL 95/2	Stadtrad-Bremse, hinten	5,40 €	1	1,200	6
3	ATXL 95/3	Stadtrad-Bremse, kompl. (vorn/hinten - Set)	10,40 €	1	2,400	6
4	ATM	MTB-Bremse, kompl. (vorn/hinten - Set)	7,50 €	1	3,000	6
5	ATR 1011	Rennrad-Bremse, kompl. (vorn/hinten - Set)	14,20 €	1	1,800	6

PE = PREISEINHEIT • VE = VERPACKUNGSEINHEIT   UMSATZSTEUERSATZ:

Interrad GmbH

Interrad GmbH • Walliser Straße 125 • 28325 Bremen

| Ihr Zeichen, Ihre Nachricht | Unser Zeichen, unsere Nachricht vom | Telefon, Name 0421 4210 47- | Datum |

Geschäftsführer/-in:
Karl Bertram jun.
Regina Woldt

Registereintragungen:
Amtsgericht Bremen
HRB 4621
USt-IdNr. DE 283 355 325

Kommunikation:
Telefon: 0421 421047-0
Fax: 0421 421048
E-Mail: interrad@t-online.de
Internet: http://www.interrad.de

Bankverbindungen:
Die Sparkasse Bremen
Konto-Nr. 1 122 448 800, BLZ 290 501 00
Postbank Hamburg
Konto-Nr. 212 115-201, BLZ 200 100 00

Lernfeld Materialwirtschaft

8 Störungen bei der Warenlieferung
8.2 Die mangelhafte Lieferung – Mängelrüge

Arbeitsbogen 16

Situation

Die Interrad GmbH hat bei ULO-Werk Beleuchtungsartikel bestellt (siehe Bestellung). Bei der Anlieferung wird eine erste Wareneingangskontrolle anhand des Lieferscheins vorgenommen und deren Ergebnisse auf dem entsprechenden Formular festgehalten. Etwaige Fehler werden zunächst auf dem Formular „Wareneingangskontrolle" festgehalten.

Arbeitsauftrag

1. Übertragen Sie in das Feld „Bestell-/Lieferdaten" des Formulars „Wareneingangskontrolle" die nötigen Daten aus dem Bestellformular und aus dem Lieferschein.

2. Die erste Verpackungskontrolle hat zu einem Vermerk auf dem Lieferschein geführt. Die daraufhin erfolgte spätere genaue Kontrolle hat ergeben, dass offensichtlich nicht sachgerechte Verpackung dazu geführt hat, dass in zwei Kartons bei allen Halogenscheinwerfern das Scheinwerferglas Sprünge aufweist.

   Tragen Sie den fehlerhaften Artikel, die Fehlermenge und die anderen Daten in das Feld „Fehlermeldung" auf dem Formular ein. Beschreiben Sie im Feld „Erläuterungen" den Mangel dieses Artikels.

3. Bei der Anlieferung werden außerdem Bestellung und Lieferschein daraufhin verglichen, ob sachlich und mengenmäßig korrekt geliefert worden ist. Falls Sie bei diesem Vergleich Mängel feststellen, tragen Sie diese ebenfalls in die Felder „Fehlermeldung" und „Erläuterungen" ein.

4. Aufgrund der von Ihnen erstellten Fehlerbeschreibung legt die Leitung der Einkaufsabteilung fest, welche Forderung (welcher Gewährleistungsanspruch) an den Lieferanten gestellt werden soll.

   Grundsätzlich sind vier verschiedene Ansprüche gegenüber dem Lieferanten möglich. Informieren Sie sich im „Leitfaden für den Schriftverkehr – Mängelrüge" über die möglichen Rechte/Gewährleistungsansprüche des Warenempfängers.

   Tragen Sie anschließend für die festgestellten Mängel im Feld „Forderungen an den Lieferer" ein, was genau vom Lieferanten verlangt werden soll.

   Begründen Sie Ihre Entscheidung.

5. Schreiben Sie an den Lieferanten, indem Sie den Vordruck zur Mängelrüge verwenden – oder alternativ, indem Sie selbst einen Brief formulieren. Verwenden Sie dazu als Arbeitshilfe die „Textbausteine zur Mängelrüge".

6. Führen Sie das Postausgangsbuch weiter.

Lernfeld Materialwirtschaft

8 Störungen bei der Warenlieferung
8.2 Die mangelhafte Lieferung – Mängelrüge

Arbeitsbogen 16

7. Beantworten Sie mithilfe des Leitfadens zum Schriftverkehr die folgenden Fragen:

   a) Welche Arten von Sachmängeln werden unterschieden?

   b) Welche drei Mangelarten werden nach ihrer Erkennbarkeit unterschieden?

   c) Welche Rügefristen gelten für Kaufleute bei offenen und verborgenen Mängeln?

   d) Informieren Sie sich über die Bedeutung des arglistig verschwiegenen Mangels. Erläutern Sie, warum diese Fälle von der Geschäftsleitung der Interrad GmbH entschieden werden sollen.

   e) Erläutern Sie den Vorteil des Rückgriffsrechts für die Interrad GmbH, falls ein Kunde eine fehlerhafte Gangschaltung beanstandet.

   f) Was bedeutet die Umkehrung der Beweislast für die Interrad GmbH, falls ein Kunde innerhalb der ersten 6 Monate nach dem Kauf Mängel rügt?

   g) Erläutern Sie, was mit der fehlerhaft gelieferten Ware geschehen soll.

   h) Warum nimmt die Interrad GmbH das Recht der Minderung fast nie in Anspruch?

8. Im Laufe der Jahre haben sich bei der Lieferung verschiedene Mängel ergeben. Beurteilen Sie für die folgenden Fälle die Rechtslage mit den entsprechenden Konsequenzen:

   a) Ein Teil der gelieferten Schutzbleche hatte auf der Innenseite einen kaum sichtbaren kleinen Kratzer.

   b) Ein früherer Lieferant lieferte der Interrad GmbH sehr empfindliche Speichenreflektoren, die z. T. schon beim Einbau splitterten. Bei Neulieferung werden der Interrad GmbH die Transportkosten in Rechnung gestellt.

   c) Mehrere Lenker einer ansonsten ordnungsgemäßen Lieferung waren deutlich verbogen. Wegen einer Unachtsamkeit eines Mitarbeiters erfolgte keine unverzügliche Prüfung der Ware.

   d) Ein früherer Reifenlieferant sicherte eine längere Nutzungszeit seiner Reifen zu, als sie tatsächlich auch nach seinem Wissen leisten konnten. Die Interrad GmbH bekam deshalb später mit einigen Kunden Probleme, die sich auf die ursprünglichen Zusicherungen über die Nutzungszeit der Reifen verlassen hatten. Drei größere Kunden stellten sogar ihre Bestellungen bei der Interrad GmbH ein.

Anlagen/Arbeitsunterlagen

Bestellung der Interrad GmbH an das ULO-Werk
Lieferschein von ULO-Werk
Formular „Wareneingangskontrolle"
Leitfaden zum Schriftverkehr – Mängelrüge
Briefvordruck Mängelrüge
Textbausteine Mängelrüge
Postausgangsbuch der Interrad GmbH – siehe Anhang
Arbeitsanweisung für die Warenannahme – Seite 70

Interrad GmbH

Interrad GmbH • Walliser Str. 125 • 28325 Bremen

ULO-Werk GmbH & Co. KG
Postfach 14 65

73312 Geislingen

Interrad GmbH
Walliser Straße 125
28325 Bremen
Telefon 0421 421047-0
Fax 0421 421048

BESTELL-NR. 1115

Bremen,	20..-11-23
Bearbeiter/-in:	Britt Forsberg

Wir bestellen aus Ihrem Sortiment:

Menge/Stück	Artikel-Nr.	Artikelbezeichnung	Einzelpreis Euro	PE	Gesamtpreis Euro
5 040	9010011	Halogenscheinwerfer	260,00	100	13.104,00
5 010	9020012	Lichtmaschine	274,00	100	13.727,40
5 040	2370071	Fahrrad-Schlussleuchte kompl.	240,00	100	12.096,00
4 224	1430071	Rückstrahler, rot (Reflektor)	77,50	100	3.273,60
3 520	5095760	Speichenreflektoren, gelb	198,00	100	6.969,60
					49.170,60

RABATTSATZ: —

LIEFERTERMIN: 48. KW

LIEFERUNG: ab Werk

ZAHLUNG: innerhalb von 10 Tagen abzüglich 3 % Skonto, 30 Tage netto Kasse

BEMERKUNGEN: Bitte beauftragen Sie die Bahntrans GmbH mit dem Transport

Mit freundlichen Grüßen

Interrad GmbH

Britt Forsberg

Geschäftsführer/-in:	**Registereintragungen:**	**Kommunikation:**	**Bankverbindungen:**
Karl Bertram jun.	Amtsgericht Bremen	Telefon: 0421 421047-0	Die Sparkasse Bremen
Regina Woldt	HRB 4621	Fax: 0421 421048	Konto-Nr. 1 122 448 800, BLZ 290 501 00
	USt-IdNr. DE 283 355 325	E-Mail: interrad@t-online.de	Postbank Hamburg
		Internet: http://www.interrad.de	Konto-Nr. 212 115-201, BLZ 200 100 00

Fahrzeugbeleuchtung
Elektronik

ULO-Werk GMBH & Co. KG • Postfach 14 65 • 73304 Geislingen/Steige

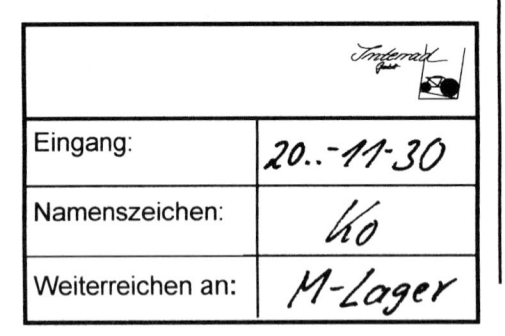

Eingang:	20..-11-30
Namenszeichen:	Ko
Weiterreichen an:	M-Lager

ULO

ULO-Werk
Moritz Ullmann GmbH & Co. KG
73312 Geislingen

Robert-Bosch-Straße 3
Postfach: 14 65
Telefon: 07331 26-0
Fax: 07331 26277
E-mail: ulo@aol.de
Internet: http://www.ulo.de

LIEFERSCHEIN

Bei Rückfragen bitte angeben

Ihre Bestell-Nr.	Kunden-Nr	Beleg-Nr.	Datum
1115 – Frau Forsberg	149800	11/602	20..-11-29

Bestelldatum	Gewicht in kg	Lieferung	Versandart
20..-11-11	2 716,000	ab Werk	Sammelladung

Karton	VE	Stück	Artikelbezeichnung	Bestellmenge
84	60	5040	Halogenscheinwerfer	5 040
166	30	4980	Lichtmaschine	4 980
18	280	5040	Fahrrad-Schlussleuchte komplett (Rücklicht)	5 040
4	1056	4224	Rückstrahler, rot (Reflektor)	4 224
22	160	3520	Speichenrückstahler, gelb, 4 Stück	3 520

2 Pakete mit Halogenscheinwerfern sind von außen beschädigt!

VE = Verpackungseinheit (Stück pro Karton)
Bemerkungen

ULO-Werk Moritz Ullmann
GmbH & Co. KG
Sitz: Geislingen/Steige
KG und GmbH
Registergericht Göppingen: HRA 514 Gei • HRB 186 Gei

Banken:
Volksbank Geislingen 602 970 008, BLZ 610 910 20
Landesgirokasse Geislingen 8 771 049, BLZ 600 501 01
Deutsche Bank Geislingen 0 701 631, BLZ 610 700 78
Postbank Stuttgart 9 743-701, BLZ 600 100 70

WARENEINGANGSKONTROLLE

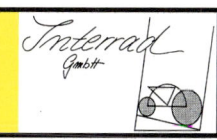

Interrad GmbH

Fehlermeldung
von der Abt. Materiallager auszufüllen

Lieferer		Lieferschein-Nr.	
Bestell-Nr.		Bestelldatum	
Lieferdatum		Bearbeiter/-in	

Pos.	Art.-Nr.	Artikelbezeichnung	Bestellmenge	Liefermenge	Fehlermenge

Erläuterungen

Pos.	Mangel

Forderungen an den Lieferer
von der Abt. Einkauf auszufüllen

Nachbesserung

Neulieferung

Rücktritt

Minderung in %

Schadenersatz

© Winklers Verlag • Darmstadt   3220 Abraham/Nemeth/Schalk, Interrad GmbH – Lernfeld Materialwirtschaft

Leitfaden

Mängelrüge – Seite 1

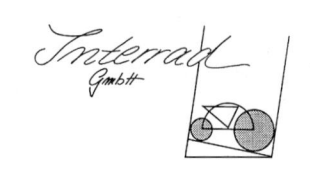

Seit Beginn 2002 gilt das neue Schuldrecht mit zum Teil erheblichen Veränderungen. Zur Orientierung und zur richtigen Handhabung entsprechender Fälle dienen nachfolgende Erläuterungen.

Die Fehlermeldung bei mangelhafter Lieferung erhält die Einkaufsabteilung aus dem Materiallager durch das Formular „Wareneingangskontrolle". Dort muss unverzüglich nach Eingang der Artikel geprüft werden, ob folgende Sachmängel vorliegen:

- Mangelhafte Verwendbarkeit: Es liegt mangelnde Leistung vor, z. B. schwergängige Schaltung.

- Mangel in der Beschaffenheit: Die Ware weist Qualitätsmängel auf, z. B. Kratzer.

- Begründete Erwartung verfehlt: Versprochene Werbung wird nicht erfüllt.

- Mangel in der Menge/Quantität: Es wurden zu viel oder zu wenig Waren geliefert (Manko-Lieferung).

- Mangel in der Warenart: Es wurde eine falsche Ware geliefert; Aliud- (Falsch-) Lieferung.

- Fehlerhafte Montage oder Montageanleitung: Die Montage wurde unsachgemäß durchgeführt oder eine Montageanleitung ist fehlerhaft (die so genannte IKEA-Klausel).

In der Regel handelt es sich um leicht zu erkennende „offene Mängel", die auch sofort zu rügen sind. Bei „verborgenen Mängeln" beträgt dagegen die Rügefrist neuerdings 2 Jahre, wobei allerdings für Kaufleute sofort nach Erkennung des Mangels zu rügen ist! Für „arglistig verschwiegene Mängel" gilt eine Frist von 3 Jahren – beginnend mit der Ablieferung.

Aber grundsätzlich gilt nun bei „neuen Sachen" eine Gewährleistungsfrist von 2 Jahren. Innerhalb der ersten 6 Monate ist zudem die Beweislast umgekehrt worden: Bei einem Sachmangel wird vermutet, dass dieser Mangel bereits beim Gefahrenübergang vorgelegen hat, also auf jeden Fall zunächst vom Verkäufer zu vertreten ist, es sei denn, er kann das Gegenteil beweisen (falsche Nutzung). Der Käufer ist also von der Beweislast entbunden. Der Gefahrenübergang ist zudem beim Versendungskauf erst mit Übergabe der Ware an den Käufer, nicht wie bisher mit der Übergabe an den Frachtführer.

Zudem haben wir als Fahrradhandel ein Rückgriffsrecht, falls ein Mangel an den Fahrrädern vom Hersteller zu vertreten ist, dies gilt demnach für unsere gesamten Fremdbauteile.

Die **Mängel** müssen Sie in einer Mängelrüge an den Lieferanten **genau beschreiben**. Grundlage ist dazu die oben erwähnte Fehlermeldung aus dem Materiallager. Für eine schnelle Erledigung des Vorgangs ist die genaue Festlegung unserer geforderten Rechte/Gewährleistungsansprüche wichtig. Diese Entscheidung trifft die Abteilungsleitung des Einkaufs. Sie haben dann die Aufgabe, die **eingeforderten Rechte** in dem Standardbrief oder in einem selbst zu formulierenden Brief **eindeutig darzustellen.**

In besonders schwerwiegenden Fällen ist die Abteilungsleitung Logistik oder die Geschäftsleitung zu befragen, z. B. bei „arglistig verschwiegenen Mängeln". Dort muss dann eine entsprechende Rechtsberatung eingeholt werden. Ein solcher Fall ist aber bei unseren Stammlieferanten noch nicht aufgetreten, offenbar ist unsere Lieferantenbewertung ein bewährtes Mittel zur Auswahl der Lieferanten.

Leitfaden

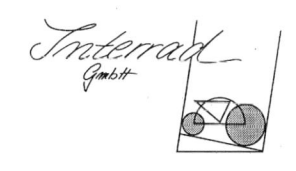

Mängelrüge – Seite 2

Die Abteilungsleitung gibt in Stichworten das mögliche Recht auf dem Formular „Wareneingangskontrolle" an. Zur genauen Formulierung deshalb kurz eine <u>Erklärung dieser Rechte bzw. Gewährleistungsansprüche</u>:

Nacherfüllung: Gemeint sind Nachbesserung oder Neulieferung auf Verlangen des Käufers. Beides ist u. U. ausgeschlossen, falls diese Leistungen wegen unverhältnismäßiger Kosten für den Verkäufer unzumutbar sind. Die Kosten für den Transport, Arbeit und Material bleiben beim Verkäufer. Nacherfüllung muss vor den anderen Rechten in Anspruch genommen werden. Ein Verschulden des Verkäufers muss aber nicht vorliegen. Wenn der Verkäufer die Nacherfüllung leistet, kann er die Rückgabe der mangelhaften Ware verlangen.

Nach abgelaufener Frist zur Nacherfüllung oder auch bei fehlgeschlagener Nachbesserung – ein 2. Versuch ist statthaft – sowie bei unzumutbarer oder verweigerter Nacherfüllung können folgende Gewährleistungsansprüche gestellt werden:

– Rücktritt: Gilt nicht bei geringfügigen Mängeln! Es muss eine Rücktrittserklärung vorliegen. Gegebenenfalls muss der Käufer Wertersatz leisten, da er die Sache eine bestimmte Zeit genutzt hat.

– Minderung: Preisnachlass auch bei geringfügigem Mangel, weil die Artikel nach Einschätzung des Kunden noch verkauft werden könnten. Erforderlich ist eine Minderungserklärung. Da wir Wert auf einwandfreie Fahrräder legen, wird von diesem Recht nur äußerst selten Gebrauch gemacht! Selbstverständlich wird der Minderungsbetrag erstattet, falls zuvor bereits der volle Preis bezahlt worden ist.

– Schadenersatz: Folgende Voraussetzungen: objektive Pflichtverletzung aus dem Kaufvertrag, subjektives Verschulden (Vorsatz und grobe wie leichte Fahrlässigkeit). Schadenersatz statt der Leistung erfordert eine Fristsetzung zur Nacherfüllung, es sei denn, diese wird verweigert. Eine Schadenersatzforderung ist auch nach einem Rücktritt möglich, falls ein Schaden eingetreten ist.

Welches Recht also in Anspruch genommen wird, ist in jedem Einzelfall zu entscheiden. Wichtig bleibt die unverzügliche Prüfung – im Unterschied zum einseitigen Handelskauf zwischen Händler und Privatperson.

In der Regel können Sie unseren Briefvordruck für die Mängelrüge verwenden, wobei Sie allerdings die Mängel und die Gewährleistungsansprüche – wie erwähnt – genau formulieren müssen. Weisen Sie darauf hin, dass die fehlerhaften Artikel dem Lieferanten zur Verfügung gestellt werden.

Textbausteine zur Mängelrüge

Anschrift

Datum

In der Betreffzeile steht: Ihre Lieferung vom ... – Mängelrüge

Anrede (kann auch entfallen)

Anlass; Bezug: Bestellung, Lieferung, unverzügliche Prüfung

Am ... hatten wir bei Ihnen folgende Artikel bestellt ... Die Ware traf zwar fristgerecht ein, aber die sofortige Überprüfung der Ware ergab folgende Mängel:

Bei der unverzüglichen Überprüfung Ihrer heute gelieferten Artikel haben wir folgende Mängel festgestellt:

Mit einem Teil Ihrer Lieferung vom ... sind wir nicht einverstanden. Sie weist folgende Mängel auf:

Genaue Aufzählung bzw. Darstellung der Mängel

Auf Textbeispiele soll hier verzichtet werden, da die Vielzahl der Mangelmöglichkeiten zu groß ist. Aber formulieren Sie so exakt, dass keine Rückfragen nötig werden. Eine Möglichkeit ist die Darstellung in einer Tabelle nach dem Vorbild des Vordruckes „Mängelrüge".

Ansprüche bzw. Rechte gegenüber dem Lieferanten

Wir bitten Sie um umgehende Nachbesserung bis zum ...

Wir bitten Sie die noch fehlenden Artikel in der ... Kalenderwoche nachzuliefern.

Wir wären bereit die benannten Mängel zu akzeptieren, wenn Sie einer Minderung von x % zustimmen würden. Bitte informieren Sie uns bis zum ..., ob Sie mit diesem Vorschlag einverstanden sind.

Wegen der beschriebenen Mängel ist infolge des Produktionsausfalles ein Schaden in Höhe von ... Euro entstanden. Wir fordern Sie daher auf, uns bis zum ... einwandfreie Artikel zuzusenden und den genannten Schaden zu ersetzen. Eine genaue Aufstellung der Schadenberechnung ist in der Anlage beigefügt.

Verwendung der mangelhaften Ware

Die reklamierte Ware steht Ihnen zur Abholung bereit.

Die nicht einwandfreien Artikel stellen wir Ihnen zur Verfügung.

Bitte nehmen Sie die bemängelte Ware bei Ihrer nächsten Lieferung wieder mit.

Schlussformel

Es wäre sehr bedauerlich, wenn unsere langjährige Geschäftsbeziehung durch diese Angelegenheit belastet oder gar beendet würde.

Wir hoffen, dass Sie künftig einwandfreie Ware liefern können und unsere Geschäftsbeziehung nicht weiter belastet wird.

Leider haben Sie zum wiederholten Male nicht einwandfrei geliefert, sodass wir zukünftig auf Bestellungen bei Ihnen verzichten werden.

Interrad GmbH

Interrad GmbH · Walliser Straße 125 · 28325 Bremen

| Ihr Zeichen, Ihre Nachricht | Unser Zeichen, unsere Nachricht vom | Telefon, Name
0421 421047- | Datum |

Mängelrüge – Ihre Lieferung vom   **Lieferschein-Nr.**   **Unsere Bestell-Nr.**

Sehr geehrte Damen und Herren,

bei der sofortigen Überprüfung Ihrer o. g. Lieferung haben wir folgende Mängel festgestellt:

ARTIKEL	BESTELLMENGE	MANGEL	FEHLERMENGE

Da wir in unserem Unternehmen nur einwandfreie Artikel verwenden, bitten wir Sie

Die fehlerhaften Artikel stellen wir Ihnen zur Verfügung. Wir hoffen, dass wir künftig keinen weiteren Anlass zur Beanstandung haben werden und unsere gute Geschäftsbeziehung bestehen bleibt.

Mit freundlichen Grüßen

Interrad GmbH

Geschäftsführer/-in:
Karl Bertram jun.
Regina Woldt

Registereintragungen:
Amtsgericht Bremen
HRB 4621
USt-IdNr. DE 283 355 325

Kommunikation:
Telefon: 0421 421047-0
Fax: 0421 421048
E-Mail: interrad@t-online.de
Internet: http://www.interrad.de

Bankverbindungen:
Die Sparkasse Bremen
Konto-Nr. 1 122 448 800, BLZ 290 501 00
Postbank Hamburg
Konto-Nr. 212 115-201, BLZ 200 100 00

Lernfeld Materialwirtschaft

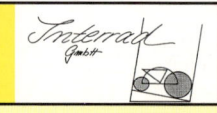

9 Lagerhaltung

Arbeitsbogen 17

Situation

Im Materiallager der Interrad GmbH werden die Teile und Baugruppen für die Montage der Fahrräder gelagert. Die wesentliche Aufgabe des Sachbearbeiters ist die Bestandserfassung (Lagerbuchhaltung). Im Rahmen der Lagerplanung müssen außerdem die Signalzahlen (Meldebestände) der verschiedenen Materialien überwacht werden. Unterschreitet ein Artikelbestand die festgelegte Signalzahl, so ist der Einkauf mit einer Pendelkarte zu informieren, dass neu bestellt werden muss.

Arbeitsauftrag

1. Im Kopf der zwei Lager-Dispositionskarten für Bügellenker Typ 3 fehlen drei Angaben.

    a) Tragen Sie anhand der Artikelliste die Artikel-Nr. für Bügellenker Typ 3 ein.

    b) Tragen Sie die Lieferzeit von 15 Tagen und den Tagesverbrauch von 30 Stück ein.

2. Erfassen Sie den Lagerzugang für die Lenker Typ 3 anhand des Lieferscheines von Weinmann.

3. Erfassen Sie den Lagerausgang für die Lenker Typ 3 anhand des Materialentnahmescheins Nr. 0189 vom 20..-12-16.

4. Erstellen Sie eine Grafik über die Lagerzahlen auf Millimeterpapier.

    a) Füllen Sie zunächst den Kopf des Formulars für die grafische Darstellung aus.

    b) Tragen Sie die Lagerbestandswerte von Mindestbestand, Signalzahl (Meldebestand) und Höchstbestand in verschiedenen Farben in das Koordinatensystem ein.

    c) Tragen Sie die Lagerbestände aus der Lager-Dispositionskarte für den Bügellenker **ab Juli** in die Grafik ein.

    d) Ermitteln Sie mithilfe der Grafik ab Juli die Bestellzeitpunkte. Markieren Sie vorher die entsprechenden Daten auf der Lager-Dispositionskarte.

5. Erläutern Sie, welche Bedeutung Mindestbestand, Signalzahl und Höchstbestand haben.

Anlagen/Arbeitsunterlagen

2 Lager-Dispositionskarten für Lenker Typ 3
Lieferschein von Weinmann
Materialentnahmeschein Typ 3
Arbeitsblatt „Millimeterpapier für die grafische Darstellung"

LAGER - DISPOSITIONSKARTE

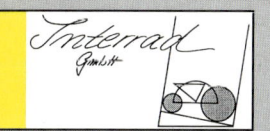

Artikel-Nr.:				
Artikelbezeichnung:		Bügellenker mit Lenkervorbau		Typ 3

Ø-Lieferzeit (Tage):		Karten-Nr.:	1
Mindestbestand:	150	Einheit:	Stück
Signalzahl:	600		
Ø-Tagesverbrauch:			
Höchstbestand:	1 200		

Datum	Beleg	Zugang	Abgang	Bestand
..-01-01	Übertrag			712
..-01-05	ME 0004		168	544
..-01-13	ME 0009		169	375
..-01-18	LS 10022	650		1 025
..-01-24	ME 0014		164	861
..-01-31	ME 0020		172	689
..-02-08	ME 0027		168	521
..-02-14	ME 0032		167	354
..-02-23	LS 10049	670		1 024
..-02-24	ME 0036		175	849
..-03-02	ME 0041		178	671
..-03-15	ME 0046		148	523
..-03-22	ME 0049		181	342
..-03-28	LS 10162	670		1 012
..-03-30	ME 0053		169	843
..-04-08	ME 0058		178	665
..-04-15	ME 0064		181	484
..-04-21	ME 0067		176	308
..-04-27	LS 10255	710		1 018
..-04-29	ME 0072		167	851
..-05-05	ME 0075		182	669
..-05-11	ME 0078		189	480
..-05-17	ME 0081		194	286
..-05-18	LS 12431	710		996
..-05-24	ME 0084		182	814
..-05-30	ME 0087		174	640
..-06-08	ME 0092		207	433
..-06-13	LS 14561	760		1 193
..-06-15	ME 0096		173	1 020
..-06-21	ME 0099		158	862
..-06-21	ME 0103		156	706

LAGER - DISPOSITIONSKARTE

Artikel-Nr.:				
Artikelbezeichnung:		Bügellenker mit Lenkervorbau		Typ 3

Ø-Lieferzeit (Tage):		Karten-Nr.:	2
Mindestbestand:	150	Einheit:	Stück
Signalzahl:	600		
Ø-Tagesverbrauch:			
Höchstbestand:	1 200		

Datum	Beleg	Zugang	Abgang	Bestand
..-06-29	Übertrag			706
..-07-07	ME 0108		163	543
..-07-08	LS 15718	650		1 193
..-08-02	ME 0115		160	1 033
..-08-10	ME 0118		136	897
..-08-19	ME 0122		165	732
..-08-29	ME 0128		148	584
..-08-30	LS 11345	610		1 194
..-09-07	ME 0132		142	1 052
..-09-13	ME 0135		141	911
..-09-21	ME 0139		151	760
..-09-27	ME 0141		172	588
..-10-04	ME 0144		154	434
..-10-11	LS 13667	610		1 044
..-10-12	ME 0148		161	883
..-10-18	ME 0152		165	718
..-10-24	ME 0155		153	565
..-10-28	ME 0160		166	399
..-10-29	LS 15770	560		959
..-11-09	ME 0166		159	800
..-11-18	ME 0171		139	661
..-11-24	ME 0174		126	535
..-11-30	ME 0178		131	404
..-12-07	ME 0182		148	256

WEINMANN GMBH & Co. KG • Postfach 8 60 • 78224 Singen

WEINMANN

WEINMANN GmbH & Co. KG

Interrad GmbH
Walliser Str. 125

28325 Bremen

	Interrad
Eingang:	20..-12-09
Namenszeichen:	ko
Weiterreichen an:	M-Lager

Im Haselbusch 16
Postfach 8 60
D-78224 Singen
Telefon: 07731 82040
Telefax: 07731 80457
E-Mail: weinmann@t-online.de
Internet: http://www.weinmann.de

LIEFERSCHEIN

Bei Rückfragen bitte angeben

Ihre Bestell-Nr.	Kunden-Nr.	Beleg-Nr.	Datum
1154 – Frau Forsberg	14 00 02	17 021	20..-12-06

Bestelldatum	Gewicht in kg	Lieferung	Versandart
20..-11-24	330,000	ab Werk	per Bahntrans

Karton	VE	Stück	Artikelbezeichnung	Bestellmenge
110	6	660	Bügellenker mit Vorbau (Rennrad)	660

Die Ware wurde ordnungsgemäß geliefert!

Datum: 20..-12-09
Namenszeichen: R. *Interrad*

LIEFERTERMIN: 20..-12-09

Krt. = Anzahl der gelieferten Kartons
VE = Verpackungseinheit (Stück pro Karton)

Bemerkungen

Geschäftsführer/-in: Karin Scholl, Peter Brunner
Registergericht: Singen, HRA 250
Bankverbindungen:
Baden-Württembergische Bank 24 931, BLZ 692 200 20
Volksbank Singen 437 712, BLZ 692 900 20

MATERIALENTNAHMESCHEIN RENNRAD (TYP 3)

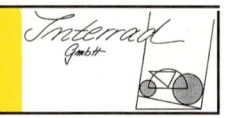

Bedarfszeitraum (Plandaten)	4. Quartal	Bedarfsmenge	2 000
Anforderungszeitraum (Wochen)	51. KW	Anforderungsmenge	144
Materialentnahmeschein-Nr.	189	Bearbeiter/-in	Wo
Produktionsauftrags-Nr.	12	Datum	..-12-16

	STÜCKLISTE STANDARDAUSSTATTUNG			PLANDATEN	MATERIALANFORDERUNG	
Material-nummer	Materialbezeichnung	Ein-heit	An-zahl	Bedarfs-menge	Anforderungs-menge	Auslieferungs-menge
RAHMENFERTIGUNG (ROH- UND HILFSSTOFFE)						
013 743	Rohre: Chrom-Molybdänstahl	Bausatz	1	2 000	144	
013 853	Farbe: Gelb	kg	0,5	1 000	72	
FAHRRADMONTAGE (FERTIGTEILE)						
123 200	Rahmen mit Gabel, Herren	Stück	1	2 000	144	
213 333	28er-Laufrad (vorn und hinten)	Set	1	2 000	144	
213 400	Schlauchreifen mit Felgenband	Set	2	4 000	288	
313 000	Lenker	Stück	1	2 000	144	
410 018	18-Gang-Schaltung	Stück	1	1 000	72	
410 027	27-Gang-Schaltung	Stück	1	1 000	72	
613 200	Sattel, Herren	Stück	1	2 000	144	
713 033	Bremse (vorn und hinten)	Set	1	2 000	144	
813 500	Tretlager	Stück	1	2 000	144	
813 633	Pedale komplett	Paar	1	2 000	144	
910 071	Montage-Set	Set	1	2 000	144	
910 078	Kette	Stück	1	2 000	144	
910 079	Kettenschutz	Stück	1	2 000	144	
910 082	Lenkerband	Stück	1	2 000	144	
910 085	Fahrradpumpe	Stück	1	2 000	144	
910 087	Werkzeugtasche	Stück	1	2 000	144	

Abteilung _____
Sachbearbeiter/-in _____
Telefon _____
Datum _____
Auftrag / Projekt _____

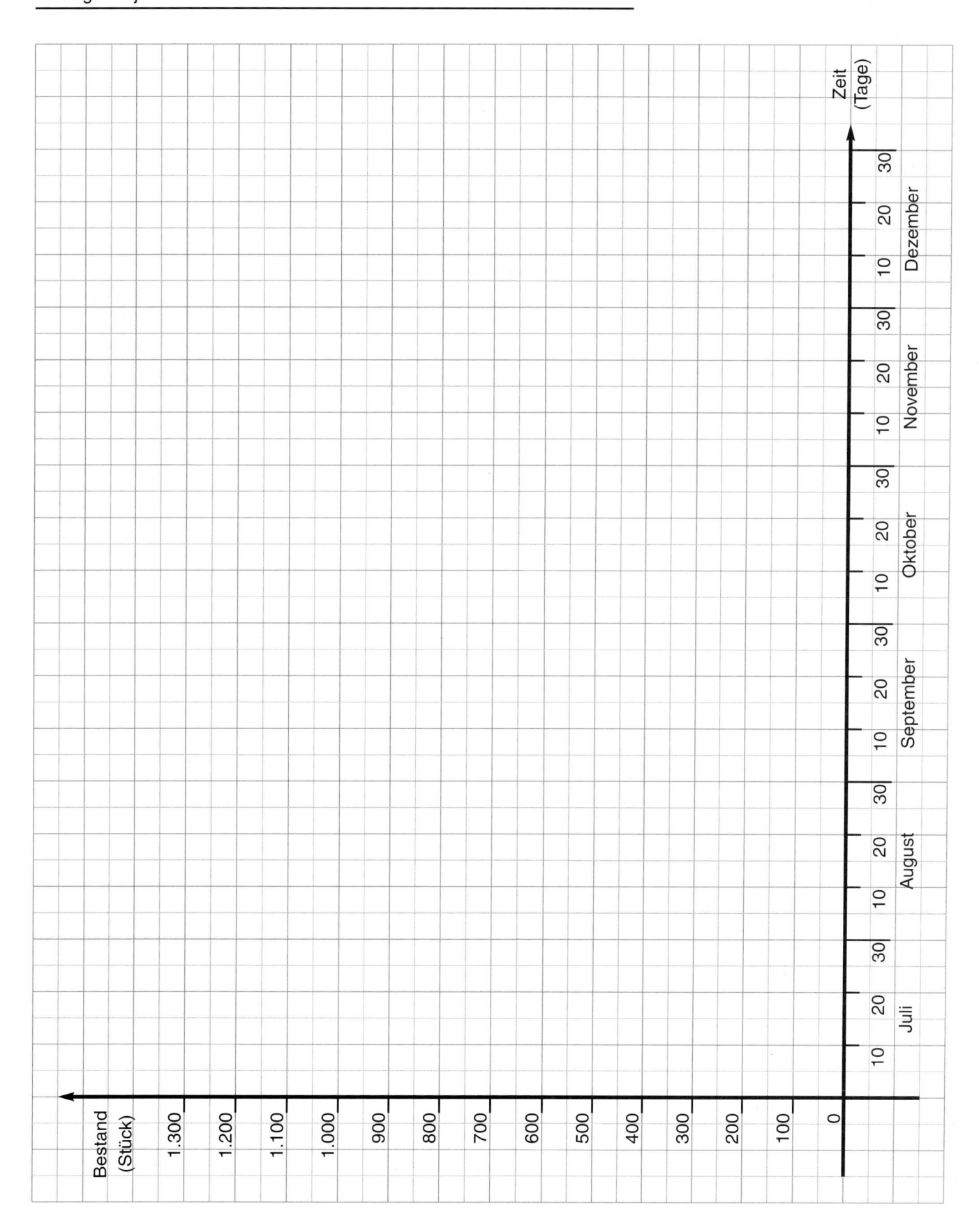

Lernfeld Materialwirtschaft

10 Beschaffungsvorgänge und Lagerhaltung optimieren
10.1 Exkurs: Lagerkennziffern auswerten

Arbeitsbogen 18

Situation

Im Rahmen des Jahresabschlusses überprüft die Hauptabteilung Logistik in Zusammenarbeit mit der Stabsabteilung Organisation und Statistik u. a. auch die Wirtschaftlichkeit ihrer Lagerhaltung. Für diese betriebswirtschaftliche Analyse werden verschiedene Daten – Lagerkennziffern – ermittelt.

Da von allen Teilen und Baugruppen jeweils dieselbe Stückzahl für einen Fahrradtyp bevorratet wird, soll anhand der Lager-Dispositionskarten des Rennrad-Lenkers geprüft werden, wie sich die Lagerkosten im Vergleich zu den Vorjahren entwickelt haben.

Die Ergebnisse der Lagerkostenanalyse sollen der Geschäftsleitung vorgelegt werden. Sie müssen entsprechend vorbereitet und später vorgetragen werden.

Arbeitsauftrag

1. Ermitteln Sie auf dem Formular „Berechnung von Lagerkennziffern" mit den entsprechenden Formeln folgende Lagerkennziffern:

   – den durchschnittlichen, mengenmäßigen Lagerbestand,
   – die Umschlagshäufigkeit,
   – die durchschnittliche Lagerdauer.

2. Erläutern Sie die Bedeutung dieser drei Lagerkennziffern.

3. Analysieren Sie die errechneten Zahlen, indem Sie einen Vergleich mit den Werten der Vorjahre vornehmen. Benutzen Sie dazu das Formular „Auswertung von Lagerkennziffern".

   a) Tragen Sie zunächst die ermittelten Ergebnisse für das laufende Jahr ein.

   b) Beschreiben Sie die Entwicklung der Lagerkennziffern im Vergleich zu den Vorjahren. Tragen Sie die Ergebnisse in das Formular unter „Bemerkungen" ein.

   c) Unterbreiten Sie der Geschäftsleitung Vorschläge zur Verbesserung der Lagerkennziffern. Tragen Sie Ihre Hinweise im Feld „Auswertung" in das Formular ein.

Lernfeld Materialwirtschaft

10 Beschaffungsvorgänge und Lagerhaltung optimieren
10.1 Exkurs: Lagerkennziffern auswerten

Arbeitsbogen 18

4. Eine erste Reaktion der Geschäftsleitung auf die Auswertung der Lagerkennziffern ist der Auftrag zu prüfen, wie sich eine verkürzte Lieferzeit von **10 statt 15 Tagen** und eine Begrenzung der Bestellmenge auf **400 Stück** auswirken würde. Bisher richtete sich die Bestellmenge nach dem Höchstbestand (Bestellmenge = Höchstbestand minus Lagerbestand nach Unterschreitung der Signalzahl).

   a) Ermitteln Sie auf dem Formular „Berechnung von Lagerkennziffern" mit der entsprechenden Formel die neue Signalzahl. Tragen Sie die neue Signalzahl in die vorbe-reitete Lager-Dispositionskarte ein.

   b) Die neue Signalzahl und die Verringerung der Bestellmenge auf 400 Stück führt zu veränderten Lagerbeständen. Ermitteln Sie unter Beachtung dieser Vorgaben die neuen Bestände von Juli bis Dezember. Berücksichtigen Sie dabei, dass genau 10 Tage nach Unterschreiten der Signalzahl geliefert wird. Benutzen Sie dazu die vorbereitete Lager-Dispositionskarte.

   c) Tragen Sie die neue Signalzahl in die Grafik ein.

   d) Tragen Sie die neu errechneten Lagerbestände ab Juli mit anderer Farbe in die Grafik ein.

   e) Welche Vor- und Nachteile ergeben sich aus der verkürzten Lieferzeit und der verringerten Bestellmenge für die Lagerhaltung und für die Beschaffung?

Anlagen/Arbeitsunterlagen

Formular „Berechnung von Lagerkennziffern"
Berechnungshilfen
Formular „Auswertung von Lagerkennziffern"
Lager-Dispositionskarte für Lenker Typ 3 (ab Juli blanko)

BERECHNUNG VON LAGERKENNZIFFERN

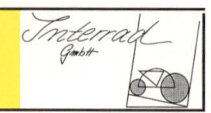

1 Berechnung des durchschnittlichen Lagerbestandes

	Datum	Bestände
Anfangsbestand:	..-01-01	
Monatsendbestand:	..-01-31	
Monatsendbestand:	..-02-28	
Monatsendbestand:	..-03-31	
Monatsendbestand:	..-04-30	
Monatsendbestand:	..-05-31	
Monatsendbestand:	..-06-30	
Monatsendbestand:	..-07-31	
Monatsendbestand:	..-08-31	
Monatsendbestand:	..-09-30	
Monatsendbestand:	..-10-31	
Monatsendbestand:	..-11-30	
Monatsendbestand:	..-12-31	
	Summe:	

durchschnittlicher Lagerbestand = ——— = **Stück**

2 Berechnung der Umschlagshäufigkeit

Umschlagshäufigkeit = ——— =

3 Berechnung der durchschnittlichen Lagerdauer

durchschnittliche Lagerdauer = ——— = **Tage**

4 Berechnung der Signalzahl

Signalzahl = = **Stück**

BERECHNUNGSHILFEN FÜR MITARBEITER

PRODUKTIONSDATEN:

　　　　1 Jahr　　=　　48 Produktionswochen　=　240 Produktionstage
　　　　　　　　　　　1 Produktionswoche　　=　　　5 Produktionstage

FORMELN:

durchschnittlicher Lagerbestand　=　Anfangsbestand am 1. Jan. 20.. + 12 Monatsendbestände / 13

Umschlagshäufigkeit　　　　　　=　Verbrauch pro Jahr / durchschnittlicher Lagerbestand

durchschnittliche Lagerdauer　　=　360 Tage / Umschlagshäufigkeit

Signalzahl　　　　　　　　　　　=　Tagesverbrauch * Lieferzeit + Mindestbestand

ERLÄUTERUNGEN:

　　　　　　*　　=　　multipliziert

　　　　　　/　　=　　dividiert

AUSWERTUNG VON LAGERKENNZIFFERN

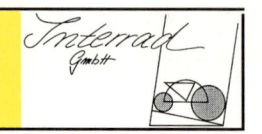

Art.-Nr.		Art.-Bezeichnung	

Durchschnittlicher Lagerbestand

Vorjahre			lfd. Jahr	Bemerkungen
850	810	760		

Umschlagshäufigkeit

Vorjahre			lfd. Jahr	Bemerkungen
7,5	8	10		

Durchschnittliche Lagerdauer

Vorjahre			lfd. Jahr	Bemerkungen
48	45	36		

Auswertung

LAGER - DISPOSITIONSKARTE

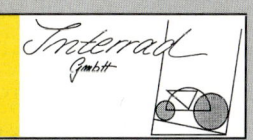

Artikel-Nr.:	313 000		
Artikelbezeichnung:	Bügellenker mit Lenkervorbau		Typ 3

Ø-Lieferzeit (Tage):		Karten-Nr.:	2
Mindestbestand:	150	Einheit:	Stück
Signalzahl:			
Ø-Tagesverbrauch:	30		
Höchstbestand:			

Datum	Beleg	Zugang	Abgang	Bestand
..-06-21	Übertrag			862
..-06-29	ME 0103		156	706

Lernfeld Materialwirtschaft

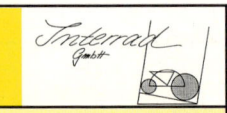

10 Beschaffungsvorgänge und Lagerhaltung optimieren
10.2 Exkurs: Optimale Bestellmenge ermitteln

Arbeitsbogen 19

Situation

Im Rahmen der weiteren Lagerkostenanalyse sollen die Beschaffungs- und Lagerkosten einer Kontrolle unterzogen werden. Es geht darum, die Bestell- und Lagerkosten zu minimieren, einen Annäherungswert für eine optimale Bestellmenge zu ermitteln.

Arbeitsauftrag

1. Welche Tätigkeiten müssen erledigt werden, die im Rahmen eines Bestellvorganges Kosten verursachen?

2. Ferner sind die Lagerkosten zu ermitteln. Benennen Sie bitte Kosten für die Lagerräume, die Lagerverwaltung und die Lagerbestände.

3. Je nach Bestellhäufigkeit und Höhe der Bestellmenge entstehen unterschiedlich hohe Bestell- und Lagerkosten. Beurteilen Sie, wie sich für folgende Extremfälle die Bestell- und Lagerkosten entwickeln:

    a) Es wird nur einmal im Jahr die gesamte Bestellmenge geordert.
    b) Es wird jeweils die Menge für die Tagesproduktion bestellt.
    c) Welches Ziel bezüglich der Bestell- und Lagerkosten wird angestrebt, wenn eine optimale Bestellmenge gesucht wird?

4. Um einen Annäherungswert für eine optimale Bestellmenge zu ermitteln, soll der letztjährige Jahresverbrauch von 7 200 Stück für Bügellenker zugrunde gelegt werden.

    a) Ergänzen Sie die erforderlichen Werte aus der Lieferantenstammkarte der Messingschlager in dem Bereich „Basisdaten" auf dem Formular „Ermittlung der optimalen Bestellmenge".
    b) Berechnen Sie für den Jahresverbrauch von 7 200 Stück die Beschaffungs- und Lagerkosten unter der Annahme von 2, 4, 72, 24 und 20 Bestellvorgängen im Jahr. Es liegen Berechnungshilfen für die Berechnung bei 12 Bestellvorgängen vor.

5. Nehmen Sie eine Auswertung der Berechnungen vor.

    a) Bei welcher Bestellmenge sind die Beschaffungskosten am geringsten?
    b) Bei welcher Bestellmenge sind die Lagerkosten am geringsten?
    c) Bei welcher Bestellmenge kann von der „optimalen Bestellmenge" gesprochen werden? Begründen Sie Ihre Antwort.

6. Bereiten Sie alle Ergebnisse – auch die aus dem Arbeitsbogen 18 – in einem Arbeitsbericht so auf, dass Sie der Geschäftsleitung in einem zusammenhängenden Vortrag die Entwicklung und Folgen für Beschaffung und Lagerhaltung darstellen können. Zeigen Sie die Konsequenzen im Hinblick auf die Beschaffungs- und Lagerkosten, die Kapitalbindung sowie das Lager- und Beschaffungsrisiko auf.

Anlagen/Arbeitsunterlagen

Lieferantenstammkarte von Messingschlager
Formular „Ermittlung der optimalen Bestellmenge"
Berechnungshilfen für die Ermittlung der optimalen Bestellmenge

Lieferantenstammkarte

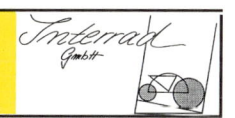

Stammdaten

Name:	Rudolf Messingschlager	Lieferernummer:	4 4 1 8 0 1
Straße:	Haflbergstraße 45	Vorwahl:	9544
Postleitzahl:	D-96148	Rufnummer:	5945-0
Ort:	Baunach	Fax:	5940
Bank:	Dresdner Bank	Bearbeiter/-in:	Frau Mende
Bankleitzahl:	760 800 40	Angebot vom:	20..-08-20
Konto-Nr.:	37 353 300	Bindung:	freibleibend

Rabattstaffel

%	WERT/STÜCK
5,00 %	10.000,00 €
10,00 %	50.000,00 €
15,00 %	100.000,00 €

Zahlungsbedingungen

	%	Tage
Skonto:	3,00 %	10
Zahlungsziel:		30

Lieferbedingungen

Frankatur:	ab Werk
Versandart:	Sammelladung
Tarif:	Bahntrans Haus-Haus-Tarif
Entfernungszone:	11
Verpackungskosten:	—
Lieferzeit:	handelsüblich

Lieferprogramm

Lfd.-Nr.	Artikel-Nr.	Artikelbezeichnung	Einzelpreis	PE	KG/VE	Anzahl pro VE
01	1983	Standardlenker, komplett (Stadtrad)	19,80 €	01	3,600	06
02	1890	Lenker aus Cr-Mo mit Vorbau (MTB)	25,90 €	01	4,200	06
03	1815	Bügellenker mit Vorbau (Rennrad)	30,00 €	01	3,000	06

PE = PREISEINHEIT • VE = VERPACKUNGSEINHEIT   UMSATZSTEUERSATZ:

Ermittlung der optimalen Bestellmenge

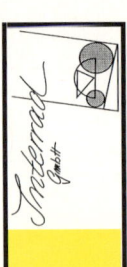

Bestellmenge in Stück							
Bestellhäufigkeit im Jahr							
Beschaffungskosten							
Gesamtpreis							
– Rabatt (je Bestellwert)							
+ Beförderungskosten							
+ Bestellkosten							
Beschaffungskosten (insgesamt)							
Lagerkosten							
für die Bestellmenge							
für den Mindestbestand							
Lagerkosten (insgesamt)							
Gesamte Beschaffungs- und Lagerkosten für 7 200 Stück							

Basisdaten

		Rabattstaffel:	
Preis:	€ je Stück		(je Bestellwert)
Beförderungskosten:	50,00 € je 100 Stück		
Bestellkosten:	160,00 € je Vorgang		
Lagerkosten:	23,00 € je Stück im Jahr		
Mindestbestand:	Stück		

112 © Winklers Verlag • Darmstadt 3220 Abraham/Nemeth/Schalk, Interrad GmbH – Lernfeld Materialwirtschaft

Ermittlung der optimalen Bestellmenge

Berechnungshilfen

Bestellmenge in Stück			600
Bestellhäufigkeit im Jahr			12
Beschaffungskosten			
Gesamtpreis	Preis je Stück * Jahresverbrauch	30,00 € * 7.200	216.000,00
− Rabatt (je Bestellwert)	(Gesamtpreis / Bestellhäufigkeit * Rabatt) * Bestellhäufigkeit	(216.000,00 € / 12 * 5 %) * 12	5% 10.800,00
			205.200,00
+ Beförderungskosten	Beförderungskosten * Jahresverbrauch / 100	50,00 € * 7.200 / 100	3.600,00
+ Bestellkosten	Bestellkosten * Bestellhäufigkeit	160,00 € * 12	1.920,00
Beschaffungskosten (insgesamt)			210.720,00
Lagerkosten			
für die Bestellmenge	Lagerkosten je Stück im Jahr * 1/2 Bestellmenge	23,00 € * 600 / 2	6.900,00
für den Mindestbestand	Lagerkosten je Stück im Jahr * Mindestbestand	23,00 € * 150	3.450,00
Lagerkosten (insgesamt)			10.350,00
Gesamte Beschaffungs- und Lagerkosten für 7 200 Stück			**221.070,00**

Basisdaten

Preis:	50,00	€ je Stück
Beförderungskosten:	160,00	€ je 100 Stück
Bestellkosten:	23,00	€ je Vorgang
Lagerkosten:		€ je Stück im Jahr
Mindestbestand:		Stück

Rabattstaffel:	
(je Bestellwert)	

Lernfeld Materialwirtschaft

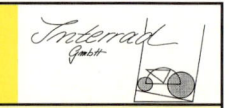

10 Beschaffungsvorgänge und Lagerhaltung optimieren
10.3 Exkurs: Das Just-in-time-Konzept

Arbeitsbogen 20

Situation

Die Geschäftsleitung der Interrad GmbH hat einen Unternehmensberater – Dr. Günter Steib von der „Industrial Consulting Bremen" – eingeladen. Die Auswertung der Lagerkennziffern hat ergeben, dass sich im Vergleich zum Vorjahr die Lagerkosten ungünstig entwickelt haben. Dieses Gespräch dient als erste Information über das alternative Lagerhaltungskonzept „Just in time" (JIT).

An dem Gespräch nehmen neben der Geschäftsführerin Regina Woldt noch folgende Personen teil: Herr Aykoc (Produktion), Herr Martens (Logistik), Herr Hahn (Absatz), Herr Koontz (Organisation/Statistik), Herr Runheim (Materiallager). Der Gesprächsverlauf ist protokolliert worden.

Arbeitsauftrag

Bearbeiten Sie mithilfe des Gesprächsprotokolls die nachstehenden Aufgaben.

1. Der Unternehmensberater Dr. Steib erläutert den Ablauf der Just-in-time-Lieferung mithilfe eines Schaubildes. Formulieren Sie den dargestellten Ablauf mit eigenen Worten.

2. Welche Voraussetzungen bzw. Bedingungen werden für das Just-in-time-Konzept eingefordert?

3. Stellen Sie in einer Übersicht die im Gespräch angeführten Argumente für oder gegen das Just-in-time-Konzept zusammen.

4. Erläutern Sie auf Grundlage der Übersicht aus Aufgabe 3, ob Ihres Erachtens die Interrad GmbH das Just-in-time-Konzept übernehmen sollte.

5. Wie beurteilen Sie

   a) das Vorgehen der Interrad GmbH, einen Unternehmensberater für die Unternehmensplanung einzubeziehen,

   b) die Überzeugungskraft des Unternehmensberaters? Welche Interessen verfolgt er?

Anlagen/Arbeitsunterlagen

Gesprächsprotokoll über das Thema „Just in time"
Schaubild zum Thema „Just in time"
Formular „Berechnung von Lagerkennziffern"* – Seite 106
Formular „Auswertung von Lagerkennziffern"* – Seite 108

Gesprächsprotokoll über die Unternehmensberatung – Thema: Just-in-time-Konzept

Woldt: Ich darf Ihnen Herrn Dr. Steib von der ICB vorstellen. Wir haben ihn hergebeten, um über das Lagerhaltungskonzept „Just in time" zu referieren. Wir wissen, dass uns die Lagerhaltungskosten zunehmend Kopfschmerzen bereiten. Vielleicht können Sie zunächst, Herr Koontz, kurz zusammenfassen, wie sich die Lagerkosten entwickelt haben.

Koontz: Gern. Vor Ihnen liegen die Ergebnisse unserer Lagerkennziffern-Auswertung. Ich brauche deshalb nicht die einzelnen Werte zu wiederholen, aber Sie sehen, dass wir im letzten Jahr eine deutliche Zunahme bei den Lagerkosten haben. Durchschnittlicher Lagerbestand und durchschnittliche Lagerdauer haben sich erhöht, die Umschlagshäufigkeit hat sich entsprechend verringert. Insgesamt haben sich also die Lagerkosten im letzten Jahr gesteigert, wie Sie auch aus der beigefügten Statistik ersehen können.

Runheim: Das werden Sie sicherlich alles erfahren. Den Aufbau und die Abteilungsgliederung unserer Firma können Sie an unserem Organigramm ablesen. Aber fürs Erste schlage ich zunächst einmal vor, dass ich Sie zur Hauptabteilung Logistik bringe, dort wird sich dann unsere Einkaufsleiterin, Frau Martens, weiter um Sie kümmern.

Woldt: Konkret ist nun ja noch gar nichts beschlossen, Herr Runheim. Wir wollen uns zunächst erst einmal nur informieren. Dazu sollte jetzt aber Herr Dr. Steib das Wort haben.

Steib: Danke, Frau Woldt. Meine Damen und Herren, ich darf mich kurz vorstellen. Ich bin Mitarbeiter der Unternehmensberatungsfirma ICB, Industrial Consulting Bremen. Wir haben es uns zur Aufgabe gesetzt, Unternehmen zu beraten und für sie Konzepte zu entwickeln, damit sie sich effektiver am Markt behaupten bzw. durchsetzen können. Dies dient übrigens letztlich allen Mitarbeitern eines Unternehmens, sichert ein erfolgreiches Unternehmen doch auch langfristig sichere Arbeitsplätze. Ich freue mich hier – wenn ich so sagen darf – dem gesammelten Sachverstand der Interrad GmbH das Just-in-time-Konzept erläutern zu dürfen. Ich hoffe, ich kann bei Ihnen mit unseren Ideen zünden. Just-in-time, ein Logistikkonzept, das aus Japan zu uns gekommen und nun schon seit einigen Jahren auch in Deutschland von recht vielen Unternehmen erfolgreich umgesetzt worden ist. Der Name sagt es: Die bestellte Ware, z. B. Ihre Fertigartikel, sollen beim Produzenten gerade zur rechten Zeit zur Montage vorliegen, eben just in time. Die angeforderten Fremdbauteile müssen also nicht erst im Materiallager zwischengelagert werden, es können daher erhebliche Lagerkosten eingespart werden. Diese ...

Martens: Gestatten Sie auch Zwischenfragen?

Steib: Selbstverständlich, nur zu.

Martens: Das hört sich zunächst sehr einleuchtend an. Aber heißt das nicht für den Einkauf, dass wir entsprechend kleinere Mengen abfordern? Müssen wir damit nicht auch auf Rabatte für Großeinkäufe verzichten?

Steib: Das ist nur eine Frage der vertraglichen Gestaltung. Sie werden ja insgesamt die gleichen Mengen abfordern. Trotzdem muss natürlich neu mit dem Lieferanten verhandelt werden. Zudem bieten Sie dem Lieferanten eine langjährige Sicherheit trotz schubweiser Anlieferung. Aber, wenn Sie es erlauben, werde ich Ihnen den Ablauf mit dieser Darstellung auf dem Tageslichtprojektor erläutern. Die Darstellung bezieht sich zwar auf ein bekanntes Autowerk in Deutschland, gilt aber in ähnlicher Form genauso für andere Unternehmen. Die Darstellung ist allerdings handgestrickt, denn ich habe keine entsprechende Zeichnung in der Fachliteratur gefunden. Ähm – Sie werden es entschuldigen, dafür ist es etwas anschaulicher, als wenn ich den Ablauf nur mit Worten kommentieren würde.

Herr Steib erläutert das Konzept mithilfe der Abbildung „JIT-Ablauf".

Aykoc: Schön und gut. Trotzdem habe ich Bedenken. Es muss ja eine sehr genaue Absprache eingehalten werden. Wenn da irgendetwas nicht klappt, Streik beim Lieferer oder Unfall auf der Anfahrt, schon gibt es Produktionsaufschübe.

Steib: Richtig, es kann solche Probleme geben. Aber Sie werden natürlich nicht vollständig auf ein kleines Bereitstellungslager verzichten. Außerdem gibt es häufig Vereinbarungen mit dem Lieferer, dass ein solches kleineres Lager in unmittelbarer Nähe Ihres Unternehmens bei einem anderen Lagerhalter geführt wird. So kann der Lieferer dieses kleine Lager auffüllen, um übrigens auch sein eigenes Lager zu entlasten. Zudem, kleine Mindestbestände müssen Sie schon im eigenen Lager führen, um plötzlichen Lieferausfällen vorzubeugen.

Aykoc: Insgesamt heißt das aber doch eine größere Umgestaltung im Unternehmen. Als Betriebsratsmitglied muss ich in dem Zusammenhang auch einmal auf die Interessen unserer Kollegen verweisen, die um ihren Arbeitsplatz fürchten.

Koontz: Ich habe eine ganz andere Frage zur Kommunikation zwischen Lieferant und uns als Hersteller. Die muss ja perfekt klappen. Dies kann doch sicherlich nur über eine entsprechende Datenvernetzung erfolgen.

Steib: Das ist richtig. Es gibt eine große gegenseitige Abhängigkeit vom Lieferanten und Empfänger. Man sollte sich seine Lieferanten sehr genau aussuchen.

Martens: Das dürfte weniger das Problem sein. Wir verfügen über ein sehr zuverlässiges Lieferantennetz. Unsere Stammlieferanten sind langjährige Geschäftspartner, die wir im Übrigen mit unserer Lieferantenbewertung immer wieder auf den Prüfstand stellen. Aber diese Lieferanten müssten ja erst einmal willens und in der Lage sein an einem Just-in-time-Konzept mitzuwirken.

Steib: Zu den Voraussetzungen für ein bedarfsorientiertes Abrufverfahren der benötigten Einzelteile und Bausätze – und das liegt sicher im Interesse Ihres Unternehmens – gehört Folgendes: Erstens sollten Sie auf räumliche Nähe Ihres Lieferanten bzw. des Versandlagers achten, zweitens Singlesourcing ...

Woldt: Verzeihung, was meinten Sie als zweite Voraussetzung?

Steib: Singlesourcing! Ja, diese „neudeutschen" Fachbegriffe. Singlesourcing meint nur eine Bezugsquelle für ein Fremdbauteil. Wenn Sie Ihre Fertigteile abrufen, muss alles stimmig sein, z. B. die EDV-Anbindung zu Ihrem Lieferanten. Damit wären wir gleich beim dritten Gesichtspunkt. Sie brauchen eine genau abgestimmte EDV-Anbindung zum Lieferanten einerseits, andererseits eine für Ihre Produktionszwecke exakte bedarfsgerechte Informationsaufbereitung zum Abruf der Fremdbauteile. Schließlich muss eine entsprechende Verkehrsinfrastruktur vorhanden sein, aber das ist in unserem Land ja kein Problem. Hier gibt es genügend ausgebaute und schnelle Verkehrsanbindungen bzw. Straßennetze.

Woldt: Herr Martens, das hieße aber doch auch eine neue Lieferantenbewertung vorzunehmen, z. B. auch im Hinblick auf räumliche Nähe.

Steib: Bei der Entwicklung eines solchen Konzeptes können wir Ihnen mit unserer Erfahrung sicher behilflich sein. Aber die genaue Absprache ist unbedingte Voraussetzung. Dazu gehört als fünfte Bedingung die zeitgleiche Handhabung von Fertigung und Versandlager des Lieferanten, also der zeitgleiche Ablauf zwischen Ihrer Montage und dem Versand. Sie sehen es auch auf dem Bild: Die Datenfernübertragung erfolgt bei Einlauf in die Montage und bis zum Einbau-Zeitpunkt muss der Artikel vorliegen.

Hahn: Ich muss doch auch mal von der Absatzseite etwas beitragen. Mir scheint zum einen dieses Konzept doch eher nur für große Unternehmen geeignet zu sein, zum anderen stört mich einfach, dass wirklich ein großer Teil der Lagerhaltung auf der Straße ist. Dies ist umweltpolitisch sicher ein Problem, den zunehmenden LKW-Verkehr merken wir doch alle. Wir sind aber nicht zuletzt stolz auf unsere umweltgerechten Produkte, auf die umweltgerechte Verarbeitung usw.; das verträgt sich meines Erachtens nicht mit einer solchen Einkaufspolitik. Es widerspricht einfach unserer Firmenphilosophie.

Steib: Damit wir uns recht verstehen. Ich will Ihnen nicht mit Gewalt das JIT Konzept aufzwingen. Die ICB sieht es eher so, dass wir Sie beraten, eine schlanke Produktion zu erreichen, Leanproduction, wie es so schön heißt. Schlank heißt aber, Überdenken Ihrer Kosten – u. a. eben auch der Lagerhaltungskosten.

Hahn: Sicherlich. Es geht aber auch um die Glaubwürdigkeit unseres Unternehmens. Da möchte ich nochmals betonen, dass die Umweltverträglichkeit unserer Produktion, unsere umweltgerechten Produkte im ziemlichen Widerspruch stehen zu einem – ich übertreibe einmal – rollenden Lager auf Straßen.

Martens: Ein Problem ist dann die Qualitätskontrolle der gelieferten Fertigartikel, oder?

Steib: Gar nicht! Es ist eben ein Vorteil dieses Konzepts, dass die Qualitätskontrolle beim Lieferanten liegt. Übrigens ist die Fehlerbeseitigung kostengünstiger bei den Lieferanten, als wenn die fehlerhafte Ware erst wieder vom Empfänger zurück muss an den Lieferanten. Notwendig ist ein flexibles Abrufsystem, sodass eine kurzfristige Materialversorgung möglich ist. Dazu gehören dann Vorabinformationen an den Lieferer über Absatzprognosen und zu erwartende Großbestellungen. Als Beispiel will ich Ihnen wieder das Automobilunternehmen nennen. Durchschnittlich 290 Minuten vergehen dort nach Eingang der Bestellung per EDV, bis der geforderte Artikel am Montageband eingetroffen ist. In einem Zweigwerk, in dem täglich 380 Wagen gefertigt werden, bezieht man 40 % der Fertigartikel von acht Zulieferfirmen und einem Versorgungslager – und das funktioniert!

Woldt: Kann man denn ohne weiteres dieses Konzept auf kleinere oder mittelständische Unternehmen übertragen?

Steib: Ich bin sicher, ja! Sonst wäre ich auch gar nicht hier. Sie sollen zunächst aber nur erst einmal einen Anstoß zur Diskussion erhalten. Wenn wirkliches Interesse besteht, werden wir sicher ein für Sie maßgeschneidertes Konzept entwickeln können. Im Übrigen gehört zu unserem Konzept die Einarbeitung der betroffenen Sachbearbeiter. Dazu mieten wir z. B. in einem Kloster für mehrere Wochenenden Räume an, sodass wir Sie in ruhiger, erholsamer Atmosphäre fit machen können. Das gilt natürlich nicht nur für das Just-in-time-System, worüber ich Sie heute informieren durfte. Ein erfolgreiches Unternehmen lebt von engagierten und gut ausgebildeten Mitarbeitern. Bei dieser Motivation und Vorbereitung könnten wir Ihnen z. B. auch helfen, wenn von Ihnen gewünscht. Wir haben dazu wohl durchdachte Trainingskonzepte für ein erfolgreiches Management, wenn Sie Interesse haben. Wir garantieren Ihnen Erfolg, wenn Sie wollen. Nun, vielleicht ist jetzt aber doch erst einmal eine kleine Pause für uns alle sinnvoll.

Woldt: Gut, das denke ich auch. Herr Dr. Steib, ich danke Ihnen für Ihre Ausführungen. Nach der Pause werden wir dann vielleicht schon konkreter vorgehen können.

JIT-Ablauf

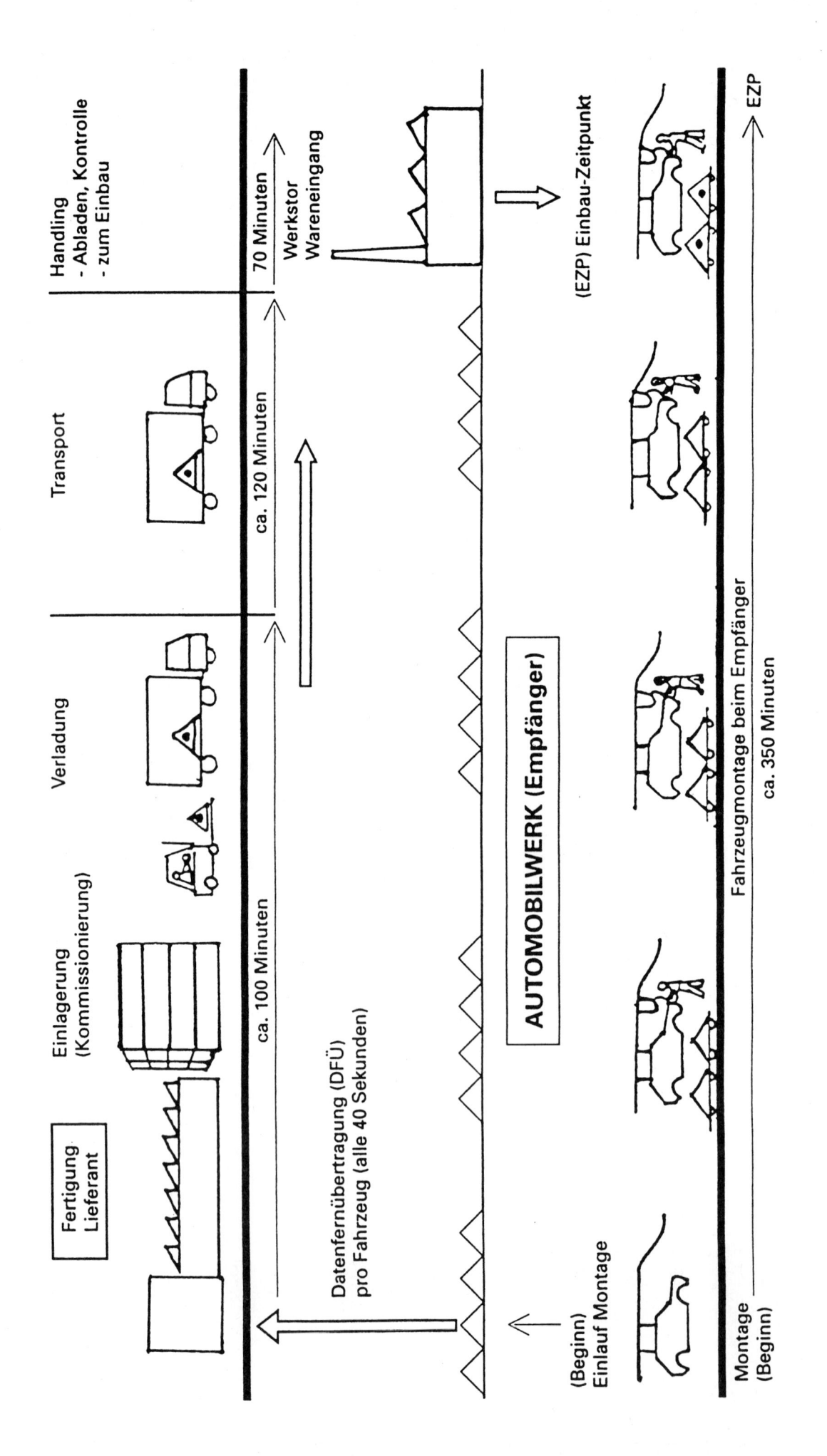

| Fertigung Lieferant | Einlagerung (Kommissionierung) | Verladung | Transport | Handling – Abladen, Kontrolle – zum Einbau |

ca. 100 Minuten → ca. 120 Minuten → 70 Minuten

Werkstor Wareneingang

Datenfernübertragung (DFÜ) pro Fahrzeug (alle 40 Sekunden)

AUTOMOBILWERK (Empfänger)

(Beginn) Einlauf Montage

Montage (Beginn)

Fahrzeugmontage beim Empfänger ca. 350 Minuten

(EZP) Einbau-Zeitpunkt → EZP

Anhang

- **Postausgangsbuch**
- **Posteingangsbuch**
- **Auszüge aus dem BGB**
- **Materialliste**
- **Leitfaden zur Berechnung der Transportkosten**
- **Frachtentabellen**

Postausgangsbuch

Seite:

Datum	Empfänger	Art der Sendung	Absendende Abteilung	Porto in Euro	Kurzzeichen

Posteingangsbuch   Seite:

Datum	Absender	Art der Sendung	Empfangende Abteilung	Bemerkungen	Kurz-zeichen

Anhang: Auszüge aus dem BGB

Zu Arbeitsbogen 6: Ausgewählte Inhalte des Angebots

§ 145 (Bindung an den Antrag)

Wer einem anderen die Schließung eines Vertrages anträgt, ist an den Antrag gebunden, es sei denn, dass er die Gebundenheit ausgeschlossen hat.

§ 147 (Annahmefrist)

(1) Der einem Anwesenden gemachte Antrag kann nur sofort angenommen werden. Dies gilt auch von einem mittels Fernsprechers von Person zu Person gemachten Antrage.

(2) Der einem Abwesenden gemachte Antrag kann nur bis zu dem Zeitpunkt angenommen werden, in welchem der Antragende den Eingang der Antwort unter regelmäßigen Umständen erwarten kann.

§ 271 (Leistungszeit)

(1) Ist eine Zeit für die Leistung weder bestimmt noch aus den Umständen zu entnehmen, so kann der Gläubiger die Leistung sofort verlangen, der Schuldner sie sofort bewirken.

(2) Ist eine Zeit bestimmt, so ist im Zweifel anzunehmen, dass der Gläubiger die Leistung nicht vor dieser Zeit verlangen, der Schuldner aber sie vorher bewirken kann.

§ 448 (Kosten der Übergabe)

(1) Die Kosten der Übergabe der verkauften Sache, insbesondere die Kosten des Messens und Wägens, fallen dem Verkäufer, die Kosten der Abnahme und der Versendung der Sache nach einem anderen Orte als dem Erfüllungsort fallen dem Käufer zur Last.

Zu Arbeitsbogen 10: Die Bestellung

§ 433 (Grundpflichten des Verkäufers und des Käufers)

(1) Durch den Kaufvertrag wird der Verkäufer einer Sache verpflichtet, dem Käufer die Sache zu übergeben und das Eigentum an der Sache zu verschaffen.
Der Verkäufer eines Rechtes ist verpflichtet, dem Käufer das Recht zu verschaffen und, wenn das Recht zum Besitz einer Sache berechtigt, die Sache zu übergeben.

(2) Der Käufer ist verpflichtet, dem Verkäufer den vereinbarten Kaufpreis zu zahlen und die gekaufte Sache abzunehmen.

Zu Arbeitsbogen 14: Lieferungsverzug

§ 279 (Unvermögen bei Gattungsschuld)

(1) Ist der geschuldete Gegenstand nur der Gattung nach bestimmt, so hat der Schuldner, solange die Leistung aus der Gattung möglich ist, sein Unvermögen zur Leistung auch dann zu vertreten, wenn ihm ein Verschulden nicht zur Last fällt.

§ 284 (Verzug des Schuldners)

(1) Leistet der Schuldner auf eine Mahnung des Gläubigers nicht, die nach dem Eintritt der Fällig-keit erfolgt, so kommt er durch die Mahnung in Verzug. Der Mahnung steht die Erhebung der Klage auf die Leistung sowie die Zustellung eines Mahnbescheides im Mahnverfahren gleich.

(2) Ist für die Leistung eine Zeit nach dem Kalender bestimmt, so kommt der Schuldner ohne Mahnung in Verzug, wenn er nicht zu der bestimmten Zeit leistet. ...

§ 285 (Kein Verzug ohne Verschulden)

Der Schuldner kommt nicht in Verzug, solange die Leistung infolge eines Umstandes unterbleibt, den er nicht zu vertreten hat.

MATERIALLISTE 1

Rahmen mit Gabel

Material-nummer	Material-bezeichnung	VE Anzahl	VE Einheit	Gewicht kg	Gewicht Einheit	Bezugspreis in Euro (Stück)	TYP 1 Damen 7	TYP 1 Damen 24	TYP 1 Herren 7	TYP 1 Herren 24	TYP 2 Damen 21	TYP 2 Damen 27	TYP 2 Herren 21	TYP 2 Herren 27	TYP 3 Herren 18	TYP 3 Herren 27
121 100	Rahmen mit Gabel, Damen, blau	1	Stück	4,000	Stück		X	X								
121 200	Rahmen mit Gabel, Herren, blau	1	Stück	4,200	Stück				X	X						
122 100	Rahmen mit Gabel, Damen, rot	1	Stück	4,300	Stück						X	X				
122 200	Rahmen mit Gabel, Herren, rot	1	Stück	4,500	Stück								X	X		
123 200	Rahmen mit Gabel, Herren, gelb	1	Stück	3,500	Stück										X	X

Laufräder/Bereifungen

Material-nummer	Material-bezeichnung	VE Anzahl	VE Einheit	Gewicht kg	Gewicht Einheit	Bezugspreis in Euro (Stück)	TYP 1 Damen 7	TYP 1 Damen 24	TYP 1 Herren 7	TYP 1 Herren 24	TYP 2 Damen 21	TYP 2 Damen 27	TYP 2 Herren 21	TYP 2 Herren 27	TYP 3 Herren 18	TYP 3 Herren 27
211 331	28er-Laufrad, Typ 1, vorn	5	Stück	4,000	VE		X	X								
211 332	28er-Laufrad, Typ 1, hinten (Nabenschalt.)	5	Stück	10,000	VE		X	X								
211 333	28er-Laufrad, Typ 1, vorn und hinten	5	Set	8,000	VE				X	X						
212 333	26er-Laufrad, Typ 2, vorn und hinten	5	Set	8,000	VE						X	X	X	X		
213 333	28er-Laufrad, Typ 3, vorn und hinten	5	Set	6,000	VE										X	X
211 400	Decke, Schlauch, Felgenband, Typ 1	10	Set	0,700	Stück		X	X	X	X						
212 400	Decke, Schlauch, Felgenband, Typ 2	10	Set	0,800	Stück						X	X	X	X		
213 400	Schlauchreifen mit Felgenband, Typ 3	12	Set	0,300	Stück										X	X

Lenker mit Lenkervorbau

Material-nummer	Material-bezeichnung	VE Anzahl	VE Einheit	Gewicht kg	Gewicht Einheit	Bezugspreis in Euro (Stück)	TYP 1 Damen 7	TYP 1 Damen 24	TYP 1 Herren 7	TYP 1 Herren 24	TYP 2 Damen 21	TYP 2 Damen 27	TYP 2 Herren 21	TYP 2 Herren 27	TYP 3 Herren 18	TYP 3 Herren 27
311 000	Lenker, Typ 1	6	Stück	3,600	VE		X	X	X	X						
312 000	Lenker, Typ 2	6	Stück	4,200	VE						X	X	X	X		
313 000	Lenker, Typ 3	6	Stück	3,000	VE										X	X

MATERIALLISTE 2

Schaltungen

Material-nummer	Material-bezeichnung	VE Anzahl	VE Einheit	Gewicht kg	Gewicht Einheit	Bezugspreis in Euro (Stück)	TYP 1 Damen 7	TYP 1 Damen 24	TYP 1 Herren 7	TYP 1 Herren 24	TYP 2 Damen 21	TYP 2 Damen 27	TYP 2 Herren 21	TYP 2 Herren 27	TYP 3 Herren 18	TYP 3 Herren 27
410 007	07-Gang-Schaltung ohne Nabe	12	Stück	3,500	VE		X		X							
410 018	18-Gang-Schaltung	12	Stück	3,500	VE										X	
410 021	21-Gang-Schaltung	12	Stück	3,500	VE						X		X			
410 024	24-Gang-Schaltung	12	Stück	3,500	VE			X		X						
410 027	27-Gang-Schaltung	12	Stück	3,500	VE							X		X		X

Schutzbleche

Material-nummer	Material-bezeichnung	VE Anzahl	VE Einheit	Gewicht kg	Gewicht Einheit	Bezugspreis in Euro (Stück)	TYP 1 Damen 7	TYP 1 Damen 24	TYP 1 Herren 7	TYP 1 Herren 24	TYP 2 Damen 21	TYP 2 Damen 27	TYP 2 Herren 21	TYP 2 Herren 27	TYP 3 Herren 18	TYP 3 Herren 27
511 033	Schutzbleche, Typ 1, vorn und hinten	10	Set	0,600	Set		X	X	X	X						
512 033	Schutzbleche, Typ 2, vorn und hinten	5	Set	2,000	VE											
513 033	Schutzbleche, Typ 3, vorn und hinten	5	Set	2,000	VE											

Sattel

Material-nummer	Material-bezeichnung	VE Anzahl	VE Einheit	Gewicht kg	Gewicht Einheit	Bezugspreis in Euro (Stück)	TYP 1 Damen 7	TYP 1 Damen 24	TYP 1 Herren 7	TYP 1 Herren 24	TYP 2 Damen 21	TYP 2 Damen 27	TYP 2 Herren 21	TYP 2 Herren 27	TYP 3 Herren 18	TYP 3 Herren 27
611 100	Damensattel, Typ 1	4	Stück	2,200	VE		X	X								
611 200	Herrensattel, Typ 1	4	Stück	2,200	VE				X	X						
612 100	Damensattel, Typ 2	5	Stück	4,000	VE						X	X				
612 200	Herrensattel, Typ 2	5	Stück	4,000	VE								X	X		
613 200	Herrensattel, Typ 3	2	Stück	1,200	VE										X	X

3 MATERIALLISTE

Bremsen (komplett)

AUSSTATTUNGSVARIANTEN

Material-nummer	Material-bezeichnung	VE Anzahl	VE Einheit	Gewicht kg	Gewicht Einheit	Bezugspreis in Euro (Stück)	TYP 1 Damen 7	TYP 1 Damen 24	TYP 1 Herren 7	TYP 1 Herren 24	TYP 2 Damen 21	TYP 2 Damen 27	TYP 2 Herren 21	TYP 2 Herren 27	TYP 3 Herren 18	TYP 3 Herren 27
711 031	Vorderradbremse, Typ 1	6	Stück	0,200	Stück		X		X							
711 033	Vorder- und Hinterradbremse, Typ 1	6	Set	0,400	Set			X		X						
712 033	Vorder- und Hinterradbremse, Typ 2	6	Set	0,500	Set						X	X	X	X		
713 033	Vorder- und Hinterradbremse, Typ 3	6	Set	0,300	Set										X	X

Tretlager/Pedale (komplett)

AUSSTATTUNGSVARIANTEN

Material-nummer	Material-bezeichnung	VE Anzahl	VE Einheit	Gewicht kg	Gewicht Einheit	Bezugspreis in Euro (Stück)	TYP 1 Damen 7	TYP 1 Damen 24	TYP 1 Herren 7	TYP 1 Herren 24	TYP 2 Damen 21	TYP 2 Damen 27	TYP 2 Herren 21	TYP 2 Herren 27	TYP 3 Herren 18	TYP 3 Herren 27
811 500	Tretlager, Typ 1	5	Stück	6,500	VE		X	X	X	X						
811 633	Pedale, Typ 1	12	Paar	3,600	VE		X	X	X	X						
812 500	Tretlager, Typ 2	5	Stück	7,000	VE						X	X	X	X		
812 633	Pedale, Typ 2	12	Paar	4,800	VE						X	X	X	X		
813 500	Tretlager, Typ 3	5	Stück	6,000	VE										X	X
813 633	Pedale, Typ 3	12	Paar	5,400	VE										X	X

AUSSTATTUNGSVARIANTEN

Material-nummer	Material-bezeichnung	VE Anzahl	VE Einheit	Gewicht kg	Gewicht Einheit	Bezugspreis in Euro (Stück)	TYP 1 Damen 7	TYP 1 Damen 24	TYP 1 Herren 7	TYP 1 Herren 24	TYP 2 Damen 21	TYP 2 Damen 27	TYP 2 Herren 21	TYP 2 Herren 27	TYP 3 Herren 18	TYP 3 Herren 27

4 MATERIALLISTE

Standardartikel

AUSSTATTUNGSVARIANTEN

Material-nummer	Material-bezeichnung	VE Anzahl	VE Einheit	Gewicht kg	Gewicht Einheit	Bezugspreis in Euro (Stück)	TYP 1 Damen 7	TYP 1 Damen 24	TYP 1 Herren 7	TYP 1 Herren 24	TYP 2 Damen 21	TYP 2 Damen 27	TYP 2 Herren 21	TYP 2 Herren 27	TYP 3 Herren 18	TYP 3 Herren 27
910 071	Montage-Set (Schrauben-Set)	40	Stück	0,200	Stück		X	X	X	X	X	X	X	X	X	X
910 072	Halogenscheinwerfer mit Reflektor	60	Stück	9,500	VE		X	X	X	X						
910 073	Lichtmaschine (Dynamo)	30	Stück	9,000	VE		X	X	X	X						
910 074	Rücklicht	280	Stück	14,000	VE		X	X	X	X						
910 075	Speichenreflektoren, gelb (4 Stück)	160	Stück	4,000	VE		X	X	X	X	X	X	X	X		
910 076	Reflektor, weiß (vorn)	1056	Stück	10,500	VE						X	X	X	X		
910 077	Reflektor, rot (hinten)	1056	Stück	10,500	VE		X	X	X	X	X	X	X	X		
910 078	Kette	12	Stück	0,500	Stück		X	X	X	X	X	X	X	X	X	X
910 079	Kettenschutz	50	Stück	10,000	VE		X	X	X	X	X	X	X	X	X	X
910 080	Rahmenschloss	20	Stück	4,000	VE		X	X	X	X						
910 081	Griffe	50	Stück	5,000	VE						X	X	X	X		
910 082	Lenkerband	100	Stück	8,000	VE		X	X	X	X					X	X
910 083	Glocke	20	Stück	2,000	VE		X	X	X	X						
910 084	Fahrradständer	50	Stück	6,000	VE		X	X	X	X						
910 085	Fahrradpumpe	50	Stück	7,500	VE		X	X	X	X	X	X	X	X	X	X
910 086	Gepäckträger	6	Stück	0,500	Stück		X	X	X	X						
910 087	Werkzeugtasche	50	Stück	2,000	VE		X	X	X	X	X	X	X	X	X	X

BAHNTRANS

Leitfaden Berechnung der Bezugskosten – Seite 1

Liebe Mitarbeiterinnen, liebe Mitarbeiter,

wie Sie sicher alle aus eigener Erfahrung wissen, hat das Verkehrsaufkommen auf Autobahnen und Fernstraßen in Deutschland deutlich zugenommen. Nicht zuletzt bedingt durch Staus gab es bei der Anlieferung unserer Fremdbauteile mit dem LKW häufig Terminprobleme. Um eine reibungslose Produktion zu gewährleisten und nicht zuletzt auch aus umweltpolitischen Gründen, schreiben wir in der Regel unseren Lieferanten neuerdings den Versand mit der Bahntrans GmbH vor. Das Unternehmen will mit einem neuen System von Frachtzentren die Verkehrsströme bündeln und auf die umweltfreundliche Schiene verlagern.

Dieser Leitfaden soll eine Hilfe sein bei der Berechnung der Transportkosten in Bezugskalkulationen sowie bei der Überprüfung der Nebenkosten in Lieferanten- und Speditionsrechnungen. Gerade hier kann sich bei genauer Beachtung der Abrechnungsbedingungen möglicherweise ein Einsparungspotenzial ergeben.

1. Allgemeines

Seit der Deregulierung des Transportwesens in der Europäischen Union sind die Frachten frei aushandelbar. Die Interrad GmbH hat mit der Bahntrans GmbH eine Rahmenvereinbarung getroffen, die die Entgelte für den Sammelladungstransport von Haus zu Haus enthält (Haus-Haus-Tarif). Danach gelten bei einem Transport mit der Bahntrans GmbH nur noch die Frankaturen „ab Werk" und „frei Haus". Die Frankaturen „unfrei" und „frachtfrei" entfallen.

Die Höhe der Bahnfracht wird von der Entfernung und dem Gewicht einer Partie bestimmt. Bei Sendungen mit einem frachtpflichtigen Gewicht bis zu 3 000 kg sind die Frachtkosten von der Bahntrans GmbH für verschiedene Gewichts- und Entfernungszonen bereits ausgerechnet und können aus den Frachttafeln abgelesen werden. Bei Sendungen mit einem Gewicht ab 3 000 kg muss die Fracht berechnet werden. Hier sind in der Frachttabelle lediglich für verschiedene Entfernungszonen Frachtsätze für 100 kg angegeben.

2. Ermittlung der Entfernung

Die Entfernung wird pauschal nach Postleitzahlzonen ermittelt. Den ersten beiden Stellen der Postleitzahl des Empfängers sind entsprechende Entfernungszonen zugeordnet. Die Zoneneinteilung gilt von der Versenderpostleitzahl 28 (Postleitzahl der Interrad GmbH 28325). Diese Entfernungszonen gelten für alle Kunden und Lieferanten, d. h. für Sendungen von und nach Bremen.

3. Berechnung der Fracht bei Sendungen <= 3 000 kg

Die Frachttafel ist als Matrix aufgebaut. Die Gewichtsklassen bilden die Spaltenköpfe und die Entfernungszonen die Zeilenköpfe. Im Schnittpunkt der Koordinaten (Gewicht/Zone) kann die Fracht in Euro abgelesen werden.

Beispiel: Tatsächliches Gewicht 807 kg, Transport von einem Lieferer aus Schwerin.

Eine Sendung soll von der Bahntrans GmbH vom Schweriner Postleitzahlenbezirk 19057, dem Sitz eines Lieferers, zum Bremer Postleitzahlenbezirk 28325, Sitz der Interrad GmbH, erfolgen. Die Versenderpostleitzahl (V-PLZ) ist 19 und die Empfängerpostleitzahl (E-PLZ) ist 28. Die Entfernung Schwerin – Bremen ist gemäß der Zoneneinteilung in die Zone 6 eingeordnet. Das tatsächliche Gewicht von 807 kg fällt in die Gewichtsklasse von 801 bis 850 kg.

Im Schnittpunkt der Koordinaten 6 (Zeile) und 801 bis 850 (Spalte) ist der Wert 137,40 ausgedruckt. Die Haus-Haus-Fracht beträgt 274,80 €.

Leitfaden Berechnung der Bezugskosten – Seite 2

4. Berechnung der Fracht bei Sendungen über 3 000 kg Gewicht

Die Frachtentafel enthält in der letzten Spalte die Frachtsätze für Sendungen mit einem Frachtberechnungsgewicht von mehr als 3 000 kg. Die Frachtsätze sind in Euro angegeben und gelten für die verschiedenen Entfernungszonen jeweils für 100 kg. Das tatsächliche Gewicht wird auf volle 100 kg aufgerundet und ergibt damit das Frachtberechnungsgewicht.

Beispiel: Entfernungszone 6, tatsächliches Gewicht 3 305 kg

- Das Frachtberechnungsgewicht beträgt 3 400 kg.
- Für die Zone 6 beträgt der Frachtsatz 9,39 €.
- Die Fracht errechnet sich wie folgt: (9,39 € : 3 400 kg) : 100 kg = 319,26 €.
- Die Bahntrans GmbH rundet die Fracht generell auf volle 10 Cent auf, also werden 319,30 € als Haus-Haus-Entgelt berechnet.

5. Die Speditionsversicherung

Gemäß den Allgemeinen Deutschen Spediteurbedingungen (ADSp) haftet der Spediteur nur eingeschränkt für den Wert der zu versendenden Güter. Bei einer eingeschränkten Haftung wäre die vom Versender zu zahlende Spediteurprovision sonst viel zu hoch. Die eingeschränkte Haftung des Spediteurs wird durch eine Speditionsversicherung ausgeglichen. Dabei handelt es sich um eine All-Risks-Versicherung (SLVS = Speditions-, Logistik- und Lager-Versicherungs-Schein). Dem Auftraggeber wird der Schaden ersetzt, den er durch eine fehlerhafte Ausführung des Speditionsauftrags erleidet.

Der Warenwert (Versicherungssumme) für die Speditionsversicherung wird wie folgt ermittelt: Sie kürzen den Rechnungsbetrag des Lieferers um die Umsatzsteuer und die Nebenkosten, addieren zu diesem Betrag 10 % „imaginären Gewinn" und erhalten dann die Versicherungssumme, die Sie auf volle 500 Euro aufrunden. Der Mindestversicherungswert beträgt 500 EURO. Höhere Versicherungssummen werden immer auf volle 500 Euro aufgerundet. Der „imaginäre Gewinn" dient im Schadensfall der Deckung der entstehenden zusätzlichen Kosten.

Beispiel: Rechnung eines Lieferers an die Interrad GmbH

2 000 Stück Ketten zum Listenpreis von 12,00 € pro Stück	=	24.000,00 €
– 5 % Rabatt	=	1.200,00 €
Zwischensumme 1	=	22.800,00 €
+ Nebenkosten (Haus-Haus-Fracht, Speditionsversicherung)	=	407,85 €
Zwischensumme 2	=	23.207,85 €
+ 16 % Umsatzsteuer	=	3.713,26 €
Rechnungsbetrag	=	26.921,11 €

Ermittlung des Warenwerts für SLVS und Höhe der Prämie

Rechnungsbetrag ohne Umsatzsteuer und Nebenkosten	=	22.800,00 €
+ 10 % imaginärer Gewinn	=	2.280,00 €
Zwischensumme (auf volle 500 € runden)	=	25.080,00 €
Warenwert für SLVS	=	25.500,00 €
Prämie laut SLVS-Tabelle	=	10,55 €

Preisliste

BAHNTRANS

Bahntrans Fracht — überreicht durch ABX LOGISTICS/BAHNTRANS GMBH

E-PLZ: 28	Zoneneinleitung für die Gebiete der zweistelligen Postleitzahlen										
V-PLZ:	1	2	3	4	6	7	8	9	10	12	13
Zone:	10	11	10	9	8	10	10	10	10	10	10
V-PLZ:	14	15	16	17	18	19	20	21	22	23	24
Zone:	8	10	9	9	8	6	4	4	4	5	6
V-PLZ:	25	26	27	28	29	30	31	32	33	34	35
Zone:	6	3	2	1	4	4	4	4	5	7	9
V-PLZ:	36	37	38	39	40	41	42	44	45	46	47
Zone:	9	6	5	7	7	8	7	6	6	6	7
V-PLZ:	48	49	50	51	52	53	54	55	56	57	58
Zone:	5	4	8	8	9	9	11	10	10	8	7
V-PLZ:	59	60	61	63	64	65	66	67	68	69	70
Zone:	6	10	10	10	10	10	11	11	11	11	12
V-PLZ:	71	72	73	74	75	76	77	78	79	80	81
Zone:	12	12	12	11	12	11	12	12	12	12	12
V-PLZ:	82	83	84	85	86	87	88	89	90	91	92
Zone:	13	13	12	12	12	13	12	12	11	11	12
V-PLZ:	93	94	95	96	97	98	99	E-PLZ = Empfangspostleitzahl		
Zone:	12	12	11	11	10	9	8	V-PLZ = Versandpostleitzahl		

Prämien für Speditionsversicherung sind nicht enthalten. Wir arbeiten auf Basis der ADSp.

Haus-Haus-Preise in EURO für nationale Sendungen: Interrad GmbH, 28325 Bremen

kg → Zone ↓	1–30	31–40	41–50	51–75	76–100	101–125	126–150	151–175	176–200	201–225	226–250
1	13,20	14,75	15,80	18,95	21,80	26,30	28,05	29,75	31,30	35,70	37,40
2	13,80	15,60	16,85	20,60	23,95	29,05	31,30	33,30	35,45	40,45	42,55
3	14,30	16,25	17,60	21,75	25,50	31,15	33,55	35,90	38,45	43,85	46,15
4	14,75	17,00	18,55	23,25	27,60	33,65	36,55	39,25	42,30	48,20	50,90
5	15,35	17,80	19,60	24,80	29,55	36,40	39,60	42,65	46,35	52,75	55,75
6	15,90	18,50	20,50	26,10	31,45	38,70	42,30	45,65	49,75	56,70	59,95
7	16,20	18,95	21,05	27,05	32,70	40,25	44,10	47,65	52,10	59,30	62,80
8	16,55	19,45	21,60	28,00	33,95	41,90	45,95	49,70	54,55	62,05	65,75
9	16,85	19,80	22,10	28,70	35,00	43,15	47,45	51,35	56,45	64,25	68,15
10	17,15	20,25	22,70	29,55	36,10	44,65	49,10	53,25	58,65	66,70	70,80
11	17,50	20,70	23,35	30,55	37,45	46,35	51,05	55,45	61,20	69,60	73,85
12	17,75	21,10	23,70	31,20	38,35	47,45	52,35	56,85	62,80	71,45	75,90
13	18,10	21,50	24,25	32,00	39,45	48,90	54,00	58,70	65,00	73,85	78,55

Haus-Haus-Preise in Euro für nationale Sendungen: Interrad GmbH, 28325 Bremen

kg / Zone	251–275	276–300	301–325	326–350	351–375	376–400	401–425	426–450	451–475	476–500	501–550	551–600
1	39,15	41,65	44,60	46,05	47,65	50,25	52,85	54,60	56,40	60,15	62,95	66,45
2	44,60	47,65	51,05	52,85	54,75	57,80	60,80	62,80	64,80	69,15	72,40	76,50
3	48,45	51,90	55,60	57,60	59,80	63,05	66,35	68,55	70,85	75,50	79,05	83,50
4	53,50	57,40	61,50	63,80	66,25	70,00	73,65	76,10	78,50	83,70	87,70	92,65
5	58,70	63,05	67,70	70,25	73,00	77,20	81,20	83,90	86,55	92,30	96,70	102,20
6	63,25	68,00	72,95	75,80	78,80	83,30	87,65	90,55	93,45	99,65	104,40	110,40
7	66,30	71,30	76,60	79,60	82,65	87,50	92,05	95,15	98,10	104,65	109,65	115,90
8	69,40	74,70	80,20	83,40	86,80	91,80	96,55	99,80	102,95	109,80	115,05	121,60
9	71,95	77,45	83,25	86,55	89,95	95,30	100,20	103,55	106,85	113,95	119,35	126,25
10	74,75	80,60	86,60	90,05	93,70	99,10	104,30	107,75	111,20	118,60	124,20	131,35
11	78,15	84,25	90,50	94,20	97,95	103,70	109,10	112,70	116,35	124,05	129,95	137,40
12	80,25	86,55	93,05	96,85	100,75	106,65	112,20	115,95	119,60	127,55	133,60	141,35
13	83,10	89,65	96,40	100,30	104,35	110,50	116,30	120,20	124,00	132,20	138,50	146,50

kg / Zone	601–650	651–700	701–750	751–800	801–850	851–900	901–950	951–1000	1001–1100	1101–1200	1201–1300	1301–1400
1	70,10	73,35	76,60	79,80	83,95	88,10	92,60	97,25	102,90	107,30	111,75	116,60
2	80,60	84,40	88,10	91,75	96,10	100,50	105,05	109,70	115,35	120,60	125,75	131,30
3	88,05	92,20	96,15	100,10	104,75	109,30	113,90	118,55	124,20	130,00	135,70	141,75
4	97,70	102,30	106,70	111,00	115,90	120,70	125,40	130,00	135,65	142,15	148,30	155,20
5	107,75	112,90	117,70	122,35	127,50	132,60	137,30	141,90	147,55	154,80	161,95	169,20
6	116,35	121,85	127,05	132,05	137,40	142,85	147,55	152,10	157,75	165,65	173,40	181,30
7	122,20	127,95	133,45	138,40	144,05	149,75	154,50	159,10	164,70	173,05	181,25	189,50
8	128,25	134,25	139,95	145,50	151,10	156,80	161,95	166,50	172,15	180,60	189,20	197,85
9	133,10	139,35	145,30	151,00	156,80	162,60	167,90	172,45	178,10	186,80	195,70	204,65
10	138,55	145,00	151,20	157,15	163,05	169,00	174,50	179,10	184,75	193,65	202,95	212,25
11	144,95	151,75	158,20	164,35	170,50	176,60	182,30	186,85	192,45	201,65	211,45	221,20
12	149,00	156,05	162,65	168,95	175,20	181,40	187,50	192,05	197,70	206,85	216,90	226,90
13	154,50	161,75	168,60	175,20	181,50	187,85	194,70	199,25	204,85	213,75	224,25	234,50

kg / Zone	1401–1500	1501–1600	1601–1700	1701–1800	1801–1900	1901–2000	2001–2200	2201–2500	2501–3000	ab 3001
1	119,55	123,40	127,05	130,75	134,40	137,95	145,00	155,30	171,35	5,61
2	134,85	139,40	143,90	148,30	152,65	156,90	165,45	177,80	197,15	6,47
3	145,70	150,85	155,80	160,70	165,60	170,40	179,90	193,65	215,40	7,08
4	159,70	165,50	171,15	176,75	182,35	187,80	198,55	214,20	238,95	7,86
5	174,35	180,90	187,25	193,50	199,80	206,00	218,05	235,70	263,55	8,68
6	186,85	194,00	201,00	207,90	214,70	221,50	234,75	254,05	284,70	9,39
7	195,40	202,95	210,35	217,65	224,90	232,05	246,15	266,55	299,00	9,86
8	204,10	212,05	219,95	227,65	235,30	242,90	257,75	279,35	313,65	10,36
9	211,15	219,50	227,70	235,85	243,75	251,70	267,10	289,70	325,55	10,75
10	219,10	227,80	236,40	244,85	253,20	261,55	277,70	301,40	338,85	11,20
11	228,40	237,55	246,70	255,50	264,35	273,05	290,10	315,05	354,55	11,72
12	234,30	243,80	253,20	262,30	271,40	280,45	298,05	323,70	364,55	12,05
13	242,30	252,20	261,95	271,50	280,90	290,35	308,65	335,35	377,95	12,50

© Winklers Verlag • Darmstadt   3220 Abraham/Nemeth/Schalk, Interrad GmbH – Lernfeld Materialwirtschaft

ALL-RISKS-VERSICHERUNG *von HRS-2002*

Warenwert in Euro	Prämie in Euro	Warenwert in Euro	Prämie in Euro	Warenwert in Euro	Prämie in Euro
500,00	0,55	17.500,00	7,35	34.500,00	14,15
1.000,00	0,75	18.000,00	7,55	35.000,00	14,35
1.500,00	0,95	18.500,00	7,75	35.500,00	14,55
2.000,00	1,15	19.000,00	7,95	36.000,00	14,75
2.500,00	1,35	19.500,00	8,15	36.500,00	14,95
3.000,00	1,55	20.000,00	8,35	37.000,00	15,15
3.500,00	1,75	20.500,00	8,55	37.500,00	15,35
4.000,00	1,95	21.000,00	8,75	38.000,00	15,55
4.500,00	2,15	21.500,00	8,95	38.500,00	15,75
5.000,00	2,35	22.000,00	9,15	39.000,00	15,95
5.500,00	2,55	22.500,00	9,35	39.500,00	16,15
6.000,00	2,75	23.000,00	9,55	40.000,00	16,35
6.500,00	2,95	23.500,00	9,75	40.500,00	16,55
7.000,00	3,15	24.000,00	9,95	41.000,00	16,75
7.500,00	3,35	24.500,00	10,15	41.500,00	16,95
8.000,00	3,55	25.000,00	10,35	42.000,00	17,15
8.500,00	3,75	25.500,00	10,55	42.500,00	17,35
9.000,00	3,95	26.000,00	10,75	43.000,00	17,55
9.500,00	4,15	26.500,00	10,95	43.500,00	17,75
10.000,00	4,35	27.000,00	11,15	44.000,00	17,95
10.500,00	4,55	27.500,00	11,35	44.500,00	18,15
11.000,00	4,75	28.000,00	11,55	45.000,00	18,35
11.500,00	4,95	28.500,00	11,75	45.500,00	18,55
12.000,00	5,15	29.000,00	11,95	46.000,00	18,75
12.500,00	5,35	29.500,00	12,15	46.500,00	18,95
13.000,00	5,55	30.000,00	12,35	47.000,00	19,15
13.500,00	5,75	30.500,00	12,55	47.500,00	19,35
14.000,00	5,95	31.000,00	12,75	48.000,00	19,55
14.500,00	6,15	31.500,00	12,95	48.500,00	19,75
15.000,00	6,35	32.000,00	13,15	49.000,00	19,95
15.500,00	6,55	32.500,00	13,35	49.500,00	20,15
16.000,00	6,75	33.000,00	13,55	50.000,00	20,35
16.500,00	6,95	33.500,00	13,75		
17.000,00	7,15	34.000,00	13,95		

Über 50.000,00 Euro Warenwert werden zusätzlich je 500,00 Euro 0,20 Euro Prämie berechnet.

Die angebenen Versicherungsprämien enthalten keine Umsatzsteuer.